麦肯锡

工作管理法

分析思考、思维逻辑及解决技巧

贾太平　编著

U0781530

台海出版社

图书在版编目（CIP）数据

麦肯锡工作管理法：分析思考、思维逻辑及解决技巧 / 贾太平编著 . —北京：台海出版社，2018.9（2019.5 重印）

ISBN 978-7-5168-2102-2

Ⅰ.①麦… Ⅱ.①贾… Ⅲ.①企业管理—经验 Ⅳ.① F272

中国版本图书馆 CIP 数据核字 (2018) 第 207120 号

麦肯锡工作管理法：分析思考、思维逻辑及解决技巧

编　　著：贾太平

责任编辑：王　萍　　　　　　　　　　　封面设计：一个人·设计
责任印制：蔡　旭

出版发行：台海出版社

地　　址：北京市东城区景山东街 20 号，邮政编码：100009

电　　话：010-64041652（发行，邮购）

传　　真：010-84045799（总编室）

网　　址：www.taimeng.org.cn/thcbs/default.htm

E-mail：thcbs@126.com

经　　销：全国各地新华书店

印　　刷：天津中印联印务有限公司

本书如有破损、缺页、装订错误，请与本社联系调换

开　　本：710mm×1000mm　　1/16

字　　数：220 千字　　　　　　　　　　印　　张：15

版　　次：2018 年 10 月第 1 版　　　　　印　　次：2019 年 5 月第 2 次印刷

书　　号：ISBN 978-7-5168-2102-2

定　　价：42.00 元

问题与解决问题的方法是共同存在的。麦肯锡公司作为全球著名的管理咨询公司，其主要工作就是通过有效的方法帮助各个企业解决问题。

在正确方法的指引下，花费更少的时间，占用更少的资源，就可以高效地解决问题。如果想做高效的员工，就要富有成效地解决各种复杂的问题，因此，掌握一些正确的工作方法至关重要。

自1926年成立以来，麦肯锡公司始终都在探索并总结自己的工作方法。通过帮助不同的企业摆脱困境，逐渐形成了解决问题的独特方法。

麦肯锡工作法，来源于麦肯锡多年工作积累下来的丰富经验，即主张以简单的方式、更少的时间，以及更少的资源，解决工作中遇到的各种复杂问题。麦肯锡工作法不仅涉及许多领域不同工作可能会面临的问题，并且针对这些问题进行了深入的研究，提出了许多高效的解决方法。麦肯锡工作法主要应用于商业领域，但在人们的日常生活中也具有非同寻常的力量。

在生活、工作中遇到了问题，可以采用麦肯锡解决问题的方法，这样很容易找到解决问题的思路和方案。因此，如果学习麦肯锡工作法，就可以节省许多时间和精力，高效地完成工作。

本书推荐了许多适用的、高效的麦肯锡工作方法，以及一些解决问题的技巧。例如，"从零开始——回到原点思考问题"，是麦肯锡解决问题的金钥匙。想要解决问题，分析能力至关重要。在麦肯锡公司，从事实入手是分析问题的基础。麦肯锡一位资深的项目经理曾这样说过："当你剥离了麦肯锡用以装扮其解决问题程序的美妙语言之后，剩下的就是对问题成分进行的令人兴奋、高质量的分析，与之相伴的还有对待收集事实的积极态度。""逻辑树分析法"也是麦肯锡主要分析方法之一。这种分析方法有助于厘清思路，避免重复和无关的思考，从而保证解决问题过程的完整性。"七步成诗法"是麦肯锡公司的一项基础技能，将解决问题分为七个步骤：界定问题→分解问题→问题排序（漏斗过滤）→整理信息，分析议题→关键分析→归纳建议→交流沟通，表达方案。这是一种简洁明了且容易使用的逻辑方法。"二八法则"又名帕累托法则、巴莱特定律、最省力法则、不平衡原则等，被广泛应用于企业管理学中。它是 19 世纪末 20 世纪初意大利经济学家帕累托发现的。他认为，在任何一组东西中，最重要的只占 20%，其余 80% 是次要的，因此又被称为"二八定律"。

通过阅读本书，会有利于广大读者的工作和生活。学习书中的方法和技巧，就可以在当今这个竞争激烈的社会中更好地生存和发展。最后，真诚希望这本书可以给广大读者提供帮助。如果你正在为各种问题而发愁，或者是工作时感到盲目，不妨翻阅此书，相信你一定会有所收获。

目录
contents

第一章

解决问题的金钥匙

很多人在工作中遇到问题，都会束手无策。有的企业经营不善，导致亏损，却无法从中找到问题的关键所在。其实无论是个人工作中的困难，还是企业的经营问题，都需要进行全方位的分析。把混沌的现实分成群组，再阐明群组间的相互关系。一般情况下，若无法找到发生不良状况的根本原因，那么所采取的任何应对策略都属于紧急处理。只有分析出产生不良状况的根本原因，才可以从根本上解决问题。

从零开始：回到原点思考问题

麦肯锡公司作为全球最著名的管理咨询公司，创建至今九十多年方兴未艾，其管理新思路及创新精神，可见一斑。很多人遇到问题时，往往不知道该如何去思考，因为他们没有解决的思路。而麦肯锡的咨询顾问在解决客户提出来的商业问题时，首先想到的是"从零开始"进行思考，即回到原点去思考问题。

"从零开始"展开思考

从某种角度来说，人们日常所做的工作，主要是为了解决各种问题。如果不能解决，那么所从事的工作就没有了意义。例如：一些公司里的客服人员，主要工作就是处理客户提出的各种问题。如果没有让客户满意，客服的工作就没有做到位。

要想解决在工作中遇到的疑难症结，就要养成"从零开始"思考的习惯。"从零开始"思考，就是从根本上进行思考，找出引发问题的真正原因。

麦肯锡的咨询顾问曾从客户那里听到这样的请求："我们的一个分公司已经连续亏损两年，尝试了许多办法，例如辞退员工、开源节流等，但都没效果。我们该怎么办呢？问题究竟出在哪里呢？赶快给我们想个办法吧！"

如果按照常规的方法来解决这个问题，流程是这样的：先找出这个分公司经营亏损的症结所在，然后进行相应的分析和假设，最终找出解决此症结的方法。然而，这并非解决症结的最佳方法。因为，没有采取"从零开始"的思考方式，只是根据客户提出的请求，给出了相应的建议。然而，这个建议并不适用。

真正的问题，也许并不是如何解决该分公司的财务亏损。如果采用"从零开始"的思考方式，对问题进行分析，那么无论该分公司曾有多么辉煌的历史，或曾是多么著名的品牌，只要在未来没有发展前途，就应彻底放弃，这或许是最佳的选择。也许只有这样才能提高整个公司的利润。

培养"从零开始"的思考习惯

日常生活中，随时随地都可以采用"从零开始"的思考方法。

淑敏最近心情不好，通过和她聊天，小佳了解到她跟男朋友闹了些矛盾，淑敏想让小佳帮她想办法。

在这种情况之下，如果按照常规方法，就是多劝一劝淑敏，劝她跟男朋友和好。小佳可以建议淑敏和男朋友好好地沟通一下。

然而，如果换一种思考方式，采用"从零开始"的思考方法，就应找一找她男朋友的问题。例如：小佳通过深入了解，得知淑敏的男朋友人缘很差，并且对他父母不礼貌、不孝顺。如果事实确实是这样的话，小佳就应该建议淑敏和男朋友分手，这才是最佳的建议。

"从零开始"的思考方式，不仅在工作中适用，在生活中也适用。一旦忽略或没弄清楚出现问题的真正原因，就难以正确地处理好事情。所以，要培养"从零开始"的思考习惯，才能抓住真正的问题所在，从而挖掘出解决问题的线索。这样便可以少走一些弯路，提高解决问题的效率。

站在旁观者的立场，进行"批判思考"

如果你把"从零开始"的思考方式应用在自己身上，也许会陷入迷局之中，难以做出决断。

以上文中提到的例子来说，如果淑敏和她的男朋友出现了矛盾，她很干脆地做出和男朋友分手的决定。而小佳作为淑敏的好朋友，以旁观者的身份进行"批判思考"，给淑敏提出建议，那么淑敏就会很容易做出决断。

因为当一个人面对自己遇到的问题时，往往难以摆脱"自我视点"，会从主观上去思考，进行判断时会犹豫不决，难以做出决断。如果站在旁观者的立场上，就可以进行"批判思考"，这样容易抓住关键所在，迅速做出正确的判断。

因此，当别人遇到问题时，最好以旁观者的身份进行"批判思考"。

与事实做朋友：搭起信任的桥梁

解决问题时，分析能力至关重要。麦肯锡公司的咨询顾问都非常善于快速而正确地分析问题。面对一个新项目，他们首先想到的是找到事实依据，然后再进一步推敲引发问题的根本。有了事实，客户会更加相信麦肯锡公司的分析能力。

麦肯锡公司有三个解决问题的思路，即以事实为基础、严格的结构化，以及以假设作为导向。其中，事实是解决问题的基础，不容忽视。

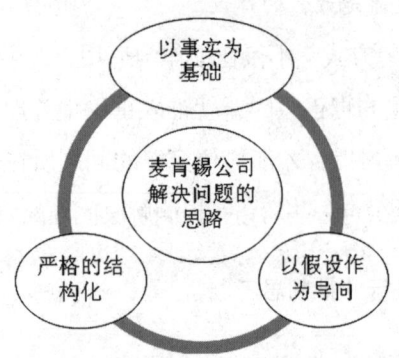

以事实为基础，分析问题

在麦肯锡公司，从事实入手是分析问题的基础。在一个新项目开始的第一天，咨询顾问首先要对海量的数据、资料，以及研究报告进行分析，以收集能够作为基础证据的事实，并在会议上对问题进行详细说明。

项目团队的成员会先找出问题的最初假定，然后收集所需的事实资料。进行适当的分析后，再支持或反驳最初的假定。

麦肯锡一位资深的项目经理这样说过："当你剥离了麦肯锡用以装扮其解决问题程序的美妙语言之后，剩下的就是对问题成分进行的令人兴奋、高质量的分析，与之相伴的还有对待收集事实的积极态度。"

麦肯锡重视事实的原因

麦肯锡公司为什么会这么重视事实呢？主要有两个原因。

原因一：弥补团队成员内在直觉方面的缺乏。

麦肯锡公司的大多数咨询顾问知识渊博、才思敏捷，对各行各业都有所涉猎。随着经验的积累及自身职位的提高，这些咨询顾问对分析及解决问题有着更深刻的认识。在得出结论之前，他们要对问题进行深入的了解。要知道，只有先看清事实，才能得出正确的结论。

原因二：在客户与麦肯锡公司之间搭起一座信任的桥梁。

麦肯锡公司入门层级的咨询顾问，一般都具有名牌商学院的工商管理硕士学位。但是，这些咨询顾问的年龄偏低，若让他们向某个财富"500强"的首席执行官提交分析报告，往往难以取得对方的信任。在经验不足的情况下，就不能回避事实，而要主动寻找并利用事实。

事实证明，针对某个问题，应坚持"以事实为基础"进行分析。所谓的"事实"应该是真实的，否则就失去了说服力。事实更应该是典型的，有代表性的，能说明观点本质的。充分利用找到的事实材料，将富有创造性的思维与之结合起来，进行分析总结，问题就能迎刃而解了。

有价值的初始假设：解决问题的基础

在麦肯锡公司，成功的咨询顾问都对解决问题有着极大的热情。

　　一位前麦肯锡项目经理曾说："解决问题，不是你在麦肯锡做的一件事，而是你在麦肯锡做的每一件事。好像你是在为每一件事寻找改进的方法，无论它以前是什么样。你会一直问自己，为什么要这样做？这是最好的方式吗？基本上，你要始终保持怀疑一切的态度。"

　　解决一个复杂的问题，如同开始一段长途旅行，初始假设是问题解决的路线图，是直奔主题的解决方案，是麦肯锡解决问题流程的第三根支柱。

　　"假设"不仅是一种方法，也是一门学问。对于麦肯锡这样的咨询公司而言，工作的核心就是不断地证明或推翻这些假设。他们非常善于利用"假设"。他们收集了相关行业的信息后，快速地做出初始假设，然后继续收集大量的事实资料，证明或推翻自己的初始假设。养成假设的习惯，诸多问题便会水到渠成地得以解决。

初始假设的作用

　　初始假设是麦肯锡解决问题的基础。"假设"在生活和工作中随时都能应用到。假如你去应聘工作，那么就会假设考官可能会询问哪些问题。如果你的假设是准确的，那么你就能提高面试成功的概率。假如你要去谈判，假设对方会事先提出哪些条件，如果你的假设变为了现实，那么你就能提前有所准备，在谈判中就能做到审时度势、进退自如。

　　如果证明了初始假设是正确的，那么在解决问题时就有了明确的方向。如果证明了初始假设是错误的，你的思路却能被打开，或许还能在错误的过程中收集一些找到正确答案所需要的信息。

　　善于做出假设的人，就是善于提出问题的人。例如：爱因斯坦的相对论，在被科学证实之前，就只是一个假设而已。

　　假设问题比解决问题更重要，它是从一种全新的角度看待旧的问题，这需要具有创造性的想象力才能实现。提出假设，往往需要一定的能力及智慧。只有具备敏锐的观察能力和预判能力，才能提出假设的内容。

初始假设的实施步骤

初始假设可分为以下三个步骤：

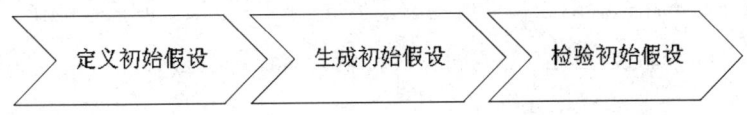

1. 定义初始假设

定义初始假设，即在开始解决问题之前，先找出一些解决问题的方法。在麦肯锡公司，解决任何问题之前，都是如此操作的。

需要注意的是，假设并非问题的答案，仅仅是一些有待证明的理论。在工作正式启动之前，就形成解决方案，是初始假设的精髓。虽然初始假设描绘粗略，但它是指引你通向解决方案之路的地图。记录初始假设，就是记录你会如何证明初始假设是否正确的过程，即绘制通向解决方案路线图的过程。

2. 生成初始假设

初始假设产生于事实，以及通过事实解决问题的逻辑架构。生成初始假设的第一步，就是要从研究事实开始。也就是说，要对客户的行业以及遇到的问题进行全面的认识，并逐步熟悉。

一位前麦肯锡项目经理有生成初始假设的好方法：一个项目开始时，他会尽量多了解事实。他会花一两个小时的时间阅读行业内的出版物，这样做是为了吸取行业内的信息，有用的信息包括行业术语、行业现状等。另外，他还会留意公司里谁是该领域的行家。

生成初始假设时，不用掌握所有的事实，只需概观行业及所研究的问题即可。如果问题来自于自己擅长的领域，那么你心里可能已经有了一些事实。但是，光有事实还不够，你还要把事实按照一定的逻辑架构整理一下。确定问题以后，要先将问题拆分，找出关键驱动因素。然后，针对每个关键驱动因素提出可行性意见。

例如：如果行业利润受天气影响很大，那么天气就是一个影响利润的关键性因素。在这种情况下，祈祷天气好不是一个可行性建议，提高应对气候变化的能力则是一个可行性建议。接下来，要将建议分解到各个层级的各项议题中。如果你提出的建议是正确的，实施后会产生哪些问题？想一想这些问题的答案是什么。对于每个问题，需要怎样的分析来证明假设的正确与否？根据自己的经验及团队内部的讨论，你就会对议题的答案能否被证实有较强的判断力。

3. 检验初始假设

生成初始假设以后，就要检验初始假设。要检验初始假设是否为你能想出的最好的假设？你是否考虑到了全部议题和议题的全部关键驱动因素？你提出的建议是否都是可行的并且可证实的？

一般来说，项目组做出的初始假设远胜于个人做出的初始假设，因为大部分人都不善于对自己的思想展开批判。每个人都需要其他人批判自己的观点，从而发现观点的不足，然后改进。

项目组开会，生成初始假设时，一般会形成百花齐放的局面。在开会时，每个人都要准备自己的见解和初始假设。每个人都要通过自己的行动鼓励队友提出自己的见解，并验证所有的见解。

总而言之，在分析问题时，要大胆假设，并小心求证。在工作正式启动之前，形成问题的解决方案，是初始假设的精髓。运用行业必备的基本商业知识，在花时间搜集和分析事实之前，提出初始假设。然后，把每个议题分解至一到两个层级，这决定着你需要怎样的分析才能对假设进行证实。

对症下药：解决方案应恰到好处

麦肯锡的工作人员，常常要帮助客户解决各种棘手的商业问题。找到合适的解决方案很重要，方案对了，才能真正地解决问题。因此，在找到恰到好处的解决方案之前，麦肯锡的项目团队要做很多的工作，要把方方面面都考虑到。

思考问题要透彻

在日常生活中，每天都充斥着各种各样的新闻。看到新闻，要形成一种思考习惯，想一想这条新闻对于自己、对于客户而言意味着什么。

首先，要思考一下，通过这条新闻，自己可以学到什么。其次，要想一想，通过这条新闻，能否挖掘出顾客的潜在需求。

思考问题时，一定要思考得透彻一些，要进行全面、深入的思考。

看到 A 商品的销售额降低，若只想到了销售额降低，认为只要增加促销活动即可，这种思考模式就比较片面。这样，就没法思考事情本身的意义和影响。

要学会深入思考，弄明白问题的核心，例如：应考虑到既然 A 商品在市场中的作用逐渐降低，那么可以把投入在 A 商品的经营资源完全转移到其他商品上，如此一来，就能提升其他商品的销售额。

由此可见，解决问题时，不能只关注眼前，还要考虑一下未来的走向。思考问题时，不要拘泥于 A 商品，而要关注今后市场的长远发展。

使大脑保持清醒

解决问题时，要学会摆脱各种限制，找出看似与问题毫无关系的信息，并将这些信息串联起来，然后一步步推导出答案。我们所有人无论身处何种环境，都能够产生自己独有的灵感。时刻让大脑保持清醒，有利于获得解决问题的灵感。

有些人，每天的工作量很大，常常感到疲惫不堪，所以没办法清晰地思考。要想保持头脑清醒，就要保证自己每天充足的睡眠时间。如果你认为睡眠没有那么重要的话，不妨先尝试几天，每晚 10：00 或 10：00 之前就寝。坚持几天后，你整个人就会感觉神清气爽，头脑会特别清晰。

在麦肯锡公司，一般都会召开早餐会议。早上，人们一边品尝三明治、咖啡、牛奶，一边集中精力在会议上进行讨论。在麦肯锡工作的职员普遍认为早上思考问题时精力会更加集中。

切忌盲目思考

日常工作中，多培养质疑问题的习惯，不能盲目地进行思考。出现疑问时，要客观地分析，找到诱发问题的关键因素，然后层层深入，从而找到解决问题的方法。

一位麦肯锡的工作人员，曾参与一个项目，即为一家消费品公司制定食品经营战略。公司的出发点，是如何重新制定销售战略、超越竞争产品这个核心问题。于是他决定亲自前往销售现场看一看，判断一下公司的出发点是否属实。

他与消费品生产公司的工作人员一起拜访了超市合作方，出席了真实的商业谈判现场。然后，他们共同去了卖场，考察了该产品的顾客群，以及这些人的购买方式。

在这种情况下，他先确定了目标，然后再细心地进行观察：

购买该产品的顾客，在购买前是否与竞争产品做了比较？如果比较了，针对哪些方面做了比较？购买该产品的时候，还购买了其他什么产品？

在进行观察的过程中，他逐渐发现，消费者是否会选择该产品的主要因素是价格。消费者并没有过多地关注包括竞争产品在内的同类产品，大多数人只是购买了一些价格低廉的产品。针对这种情况，即使投入资金展开促销活动，也只能获得一时的成效。他觉得，将问题从"如何制定销售战略"转变成"如何降低成本"，通过降低成本，继而降低产品的价格，这也许会对扩大销售规模有利。随后，他想到了一个方案，即是否可以从根本上削减物流成本，以此来实现降低销售成本的目的。

由此可见，假如最初设定的疑问存在偏差，那么最终推导出的解决方案也会产生谬误。所以，把真正的关键症结找出来，才能找到正确的解决方案。

金字塔原理：通向答案的途径

金字塔原理强调的是一种突出重点、主次分明、思维清晰的逻辑思考能力。运用金字塔原理，要关注并挖掘客户的需求、利益点、关注点等，并且掌握要表达思想的标准结构。

金字塔原理的基本原则

1. 结论先行

结论先行，并且上一层的观点应为对下一层观点的简单概括。也就是说，首先要表明自己的核心观点，然后层层递进，即一层一层地向下分别阐述自己的观点。

举例来说明：先表明观点，即取消原计划中新产品的研发。如果客户看到了这个观点，可能会产生疑问，并且急于想知道其中的原因。这样，论述的观点就进入下面所提到的纵向逻辑的过程。

2. 纵向逻辑

这里说的纵向逻辑，不仅是一个疑问，还是一个解答的过程。一般来说，为了解决客户脑海中产生的疑问，需要立刻给出相应的答案。

例如：要取消新产品的研发，可以逐层分析，可以从以下四个层面进行分析：

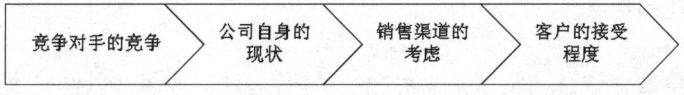

通过以上四个层面，对上一层的"取消新产品的研发"进行论述，并且证明自己的观点是正确的。

3."相互独立，完全穷尽"的原则

前文中提到了有关竞争对手、公司自身、销售渠道、客户四种观点，每组观点要具有相同的属性，且保持"相互独立，完全穷尽"的原则。

这四个选项的共同属性，是判断企业如何采取战略的基本要素。但要注意，它们只是在现阶段符合所制定的战略。因为，随着市场环境的不断变化，可能会产生影响战略的新要素。

金字塔原理的作用

1.有效解决问题

解决问题时，可以采取"从下到上"的方式收集相关的论据，然后归纳出解决问题的中心思想。这样就能一层层地建造起坚实的金字塔结构，从而有效地解决问题。

2.有效管理下属员工

经验丰富的领导者，遇到问题时会根据自己的经验提出相应的假设，并且根据这些假设罗列出 3 ～ 7 个相对应的支持论据。然后，就可以由下属员工证明这些论据是否正确。等他们收集到相关的信息并且提交报告以后，就可以根据汇总进行排列，这样也能建造出坚实的金字塔结构。如果能够做到这点，就能轻松、有效地管理下属员工。

3.与客户交流成果

金字塔结构建成后，就等于解决了相关问题，这时就可以与客户进行交流。交流时，应遵循"从上到下"的原则，即从金字塔的塔尖向客户汇报。

金字塔原理的特点

金字塔原理就是"以结果为导向的论述过程"，或是"以结论为导向的逻辑推理程序"，金字塔上层的论述价值很高。支持结论的每一个推论与子推论间，均保持"相互独立，完全穷尽"，并且构成每一个子推论的下级推论间也满足"相互独立，完全穷尽"的理论。

下图为金字塔原理示意图：

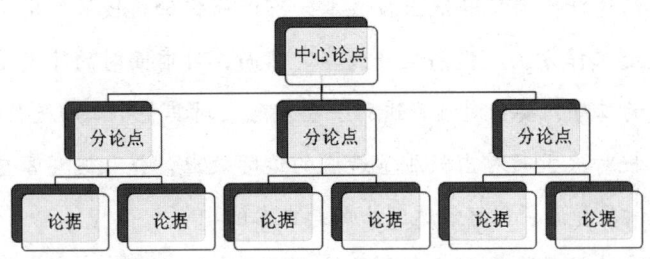

金字塔原理示意图主要有以下两个特点：

第一，以结论为导向的推论过程，而推论过程中的议题论述类似金字塔的形状。

第二，大量运用归纳法（感性）与演绎法（演绎），以加速推论过程。

下面通过一个案例来说明金字塔原理的运用。

WOR 是一家图书出版公司，目前，该公司存在着一定的问题，即出版生产力低于行业标准。为此，公司迫切寻找应对策略。

出版生产力低下，这是整套思维的主题。在该主题之下，有两个问题。第一个问题：该公司的出版工序中是否有可以简化的步骤？第二个问题：导致该公司生产力低的原因是什么？解决这两个问题的正确方式是：找出生产过程中的每一道工序，从所有工序所涉及的因素入手找原因。

目前，该问题面临的情境是：

第一，当前的出版任务已经超负荷；

第二，出版部门的许多工作都无法按时完成；

第三，当前这种生产力低下的现象，在出版工序上尤其突出；

第四，该公司给员工支付的工资比该地区其他印刷厂都低，因此公司逐渐难以吸纳并保留出版人员；

第五，当前，该公司正面临工会提出的一项新要求，有几名出版人员已经离开；

第六，当前，该公司出版部门的员工少于编制，而员工日常加班的工作量超过了正常工作量的 50%。

最终的结论是：为了降低出版成本，可以简化价格较低的出版项目的工序，或者改变工作方法以提高生产效率。然而，目前面对的冲突是，为了简化一些项目的工序，要针对项目进行一些实验，对其整个工序进行全程跟踪，控制因改变校对次数而对出版质量造成的边际效应，并且观察客户对此的反应，这样做所花费的费用可能达到出版总成本的 10%。

最终得出的答案是：为了实现降低出版成本的目的，可能会在短时间内增加一定的成本，具体成功与否，还要看后续的情况。

上面的案例充分说明了金字塔原理的运用。

在金字塔思维中，有四个基本的特征：

第一，整个思维体系只有一个结论。

第二，任何一个层次的分论点，都是其下一个层次的概括。

第三，每组的论点，应属于同一个范围。

第四，每组中的论点，应按照逻辑顺序组织排列清楚。

就逻辑思考而言，金字塔原理的意义很大。它可以被应用于多个领域，解答许多因思维混乱而陷入僵局的问题。

总而言之，掌握了金字塔原理，就可以完善思考过程，使思考更富有逻辑性，从而为事业带来帮助。

思维框架：解决问题的根本

麦肯锡咨询顾问都有一个解决问题的习惯：利用系统框架化，再进行数据收集与分析。因此，框架化是麦肯锡逻辑思考的精髓。构建思维框架，为解决问题准备研究和分析的路线图，这是思考与分析中的重要因素。

养成构建思维框架的习惯

解决问题，始于结构。这里所说的结构，是指解决问题的具体框架。广义上说，是指分析事物、界定问题，并且将它们进行细分。无论遇到什么问题，麦肯锡的咨询顾问都可以借助结构迅速地掌握问题的实质。

奥姆威尔·格林肖是一位管理者，出自麦肯锡学校。他就职于非洲大陆门户网站 Africa.com，在进行具体的市场分析时，思维的框架化为他提供了一定的帮助。

格林肖说："我们必须调查市场，并且根据具体的目标市场，即非洲裔及对非洲感兴趣的人，来确定如何开发产品，提供怎样的服务。这样一来，就要对多个行业进行分析，比如非洲的葡萄酒业、家庭装修业、家具业及艺术行业等。然后，确定哪些行业在目标市场中是有吸引力的。我利用在麦肯锡掌握的系统化结构框架，通过迅速了解市场的规模、竞争环境及主要参与者等，明确其中哪些市场适合我们。"

在处理许多商业问题时，麦肯锡都算是专家，主要是因为麦肯锡通过构建大量结构框架，在系统化解决问题的过程中，积累了许多丰富的经验。

当然，每个问题都有其特殊性。因此，思维框架并不是灵丹妙药。在分析和解决问题时，麦肯锡的咨询顾问注重在思维框架的基础上增加许多对现实的考量，根据现实情况对思维框架进行调整，然而固有的思维框架依然是基础。

那么，思维框架为何这么重要呢？因为，思维框架可以将思考的过程系统化、程式化，能够支撑思考的结论。

构建思维框架，可以分为以下三个阶段：

确立中心思想　　增添逻辑结构　　掌握必要知识

总之，如果没有思维框架，那么观点就站不住脚。在日常的工作中，养成构建思维框架的习惯，至关重要。

"空·雨·伞"思维框架

如果想要找到解决问题的思路，就要杜绝徒劳无功的思考。麦肯锡式思考的框架型工具，对避免徒劳思考卓有成效。在解决问题时，麦肯锡公司还会采用"空·雨·伞"的思维框架，这也是一种极好的思考方法。"空·雨·伞"的思维框架，是麦肯锡公司一直所推崇的至简至极的思考方法。

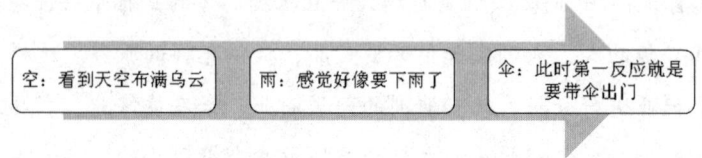

可将"空·雨·伞"理解为：在出门时，抬头看天，发现天空中布满乌云，于是做出了"好像要下雨了"这个判断。随后，根据这一判断，采取了"带伞出门"这个行动。

根据该框架，可以把"空"理解为"现在的情况"，把"雨"理解为"对情况进行的解释"，把"伞"理解为"按照前面的解释采取的相关行动"。

对于麦肯锡公司而言，"空·雨·伞"这一思维框架的核心，就是需要他们努力去掌握的思考方法。

站在长远的角度思考

思考、解决问题时，不能只关注于眼前的利益，应考虑到未来的发展方向。例如：思考如何提高某商品利润的问题，如果该商品降价销售，可能意味着商品在市场上的影响力呈逐渐减弱的趋势。因此，推出新产品，很可能更有利于公司形成新的利润增长点。

正确的思考顺序是：首先，要考虑从中学到哪些东西，或领会其中的意义；其次，改变自己的视角，根据"空·雨·伞"这个思维框架的逻辑进行判断；最后，根据前面的判断依据采取实际行动。

对于很多企业而言，通过借鉴麦肯锡解决问题的技巧和框架，从而挖掘出许多解决商业问题的方法。

从敏锐的切入点提出问题

发现问题以后，要学会从敏锐的切入点提出问题，并且摆脱相关的限制条件，采取"零设想"的思维模式，发掘出关键的驱动信息，然后再推导出答案。当然，在解决问题时，不能随便地使用逻辑推理。

确定优先处理的工作

麦肯锡公司的工作人员，解决多个问题时会遵循一定的优先次序。首先，要确定问题的主次；其次，要将最重要的事情放在第一位；最后，寻求解决问题的资源。

日常工作中，解决问题应以实现目标为导向。对于众多的待办工作，要确定哪些工作应该优先处理，以及哪些工作应该延后处理。

一般来说，有效地安排工作顺序，应遵循以下原则：

先做紧迫的工作，再做不太紧迫的工作；

先做花费少量时间即可完成的工作，再做花费大量时间才能完成的工作；

先做资料齐全的工作，再做资料不齐全的工作；

先做自己比较熟悉的工作，再做自己不太熟悉的工作；

先做容易的工作，再做难的工作；

先做那些自己喜欢做的工作，再做那些不喜欢的工作；

先做已经安排好时间的工作，再做没有安排好时间的工作；

先做经过策划的工作，再做没有经过策划的工作；

先做有趣的工作，再做枯燥的工作。

如果能够遵守这些原则，合理地安排工作顺序，就能高效地完成工作。

找出最佳解决办法

解决问题时，首先要围绕自身找出各种解决方法。一般来说，每想到一个方法，就要马上记录下来，积累的数量越多越好。直到实在想不出方法了，再回头整理之前想到的方法。

整理方法时，先去掉那些不可行或花费代价太高的方法。把这两种方法去掉后，如果还剩下其他方法，就要对其进行详细分析。可以从时效及需要付出的代价这两方面进行综合考量，对余下的方法进行综合打分。这样，就能从这些方法中找出得分最高的一种方法，最终再利用得分最高的方法解决具体的问题。如果自己绞尽脑汁都无法想出现实可行的解决办法，不妨寻求他人的帮助，让他人来帮助自己一起解决问题。

寻找最佳解决方案：成为解决问题的专家

麦肯锡公司接到商业咨询问题后，总是能够采取正确的方法进行分析，并且制定出最佳的解决方案。其实，任何企业的任何员工，都可以成为解决问题的"专家"，通过学习麦肯锡公司顾问解决问题的方案，就可以得心应手地处理工作中遇到的各种问题。

别被表面现象所迷惑

如果在工作中遇到了某个商业问题，首先要确定这到底是不是真正需要你解决的问题，别被表面的现象所迷惑。

这其实与医生为病人看病一样。如病人身体表面不舒服的地方，并不一定是病症出现的地方，要逐步排查才能得出结论。商业问题是有机且复杂的。麦肯锡顾问们认为，客户和病人一样会做自我诊断，知道什么才是真正的问题。

麦肯锡的一个项目组，曾受托对一家制造企业某部门的扩张机会进行评估。经过几周的数据采集和分析，项目组最终发现，这个部门并不需要扩张，而是需要关闭或出售。

如果想要弄清接手的问题是否是真正的问题，就要进行深入探究。要获取事实、提出问题，并且进行试探。

如果确认自己正研究的问题是个错误，应该到上司或客户那里，告诉对方："你要求研究问题 A，然而真正的影响来自于问题 C。如果问题 A 是你真正想要解决的，我立刻就能解决它，但为了彼此的利益，我们应该关注 C。"

一般来说，试图改变对问题的定义时，要以事实为基础。客户可能会接受或要求你继续解决最初定义的问题，然而提出客观的见解本身就是咨询服务的价值。

上面的案例中，麦肯锡项目组找出了真正的问题，认为该部门根本不需要扩张，而是需要关闭或出售。麦肯锡项目组并没有被表面现象所迷惑，而是提出了客观的见解，充分体现出咨询服务的价值。

不做重复的劳动

许多商业问题都有相同点。这意味着，只要掌握几个问题的解决方法，就能解答更广泛的问题。有些解答方法是现成的，也许就在书本中、你的组织里，或者在同事的大脑之中。有效地利用他人的经验，可避免做重复性的劳动。当然，如果遇到了一个很特殊的商业问题，你很可能就要自己想方法了。

麦肯锡公司发明了许多解决问题的方法，例如：附加值分析、业务流程再造、产品市场扫描等。这些方法的功能都十分强大，采用这些方法，咨询顾问能把案头的原始数据变成条理清晰的框架，对客户的本质问题提出见解。咨询顾问可以转而将解决的重点置于"关键驱动因素"，并且着手寻找解决方案。

麦肯锡公司经常使用的有一种分析框架叫作外力分析。在项目开始时，这一分析框架对于研究客户潜在的外部压力具有一定的价值。这种方法包括识别客户的供应商、顾客、竞争对手，以及潜在的替代品。然后，将这四个方面发生的变化列一张清单。

对于任何行业来说，这个分析框架都适用。在刚开始解决问题时，这个框架的确能发挥巨大的作用。

麦肯锡有一名入职两年的咨询顾问，加入了一个项目组，帮助华尔街的一家大型商贸公司重组其信息技术部。这家商贸公司里所有的高管都要求重组信息技术部，并不想调整计算机的运行方式。该商贸公司的信息技术部一团糟，整个部门共有600名员工，部门又分为十几个不同的分部门以及一整套汇报关系。

这名咨询顾问以及其他组员都不知该如何入手。然而，麦肯锡却总结了一种新思路，叫作"业务流程再造"，这成为大家工作的起点。

通过上面的案例，可以得知：在解决问题时，采取正确的方法入手至关重要。要善于利用他人总结出来的工作方法，这样可以节省很多时间。

确保解决方案适合客户

一个绝妙的解决方案，即使有大量数据做支撑，如果客户无法实施，那么这个解决方案也是毫无意义的。所以，要了解客户团队的需求，了解其优势、劣势，以及所承担的能力至关重要。

一位前麦肯锡项目经理，曾参与了一个项目，当时，他的团队有着这样的经历：

他们曾为一家大型IT公司做过一个削减成本的项目。当时，他们发现该IT公司正忙于用卫星连接其在全球所拥有的几百间办公室的工作。这项计划在几年前就已经开始实施了，那时，这家IT公司已经完成了项目的一半。

他们断定，运用现有的技术、传统的电话线，只需很少的成本，该IT公司就可以做到同样的事情。经过测算，按照现值计算，该IT公司能节省近两亿美元。

麦肯锡的项目经理便将这个研究结果告诉了该项目的负责人。然而该负责人却说:"你们的想法非常棒,我们很喜欢这个原本能节省近两亿美元的建议,可是,我们已经着手做卫星项目了,采纳你们的建议会有很大的风险。要知道,我们的能力是有限的,坦白地说,我们需要比这个更好的点子。"

上面的案例中,该公司的项目经理并没有接受麦肯锡的意见。然而,从另一个角度来说,麦肯锡的这个项目团队正在寻找其他能为该 IT 公司节省五亿或更多资金的方法。当然,客户的反应也是合理的。

麦肯锡选用那些在校期间成绩优异的人作为咨询顾问,在分析问题以及将解决方案系统化的过程中,对他们实施严格的训练。因此,麦肯锡的员工接到一个项目之后,首先想到的是找出最佳的解决方案,而不是随意给客户一个解决方案。

就企业里的员工来说,他们有自己的优势、劣势以及局限范围,有时往往只能运用组织里现有的资源做有限的事情。有些事情,出于政治原因、企业资源不足或自身能力不足等,他们都是无法形成的。

作为咨询顾问,有了解客户局限的责任。了解到客户的局限以后,就要确保提出的任何建议都在客户力所能及的范围之内。

让解决方案主动送上门

虽然麦肯锡解决问题遵循着一定的规则,但是也有例外的时候。面对某些问题,并不一定能生成初始假设。有时候,客户甚至不知道问题到底出在哪里,只知道问题的存在;有时候,项目涉及的范围太广或太模糊,想要从初始假设入手,根本行不通;有时候,要开创新的局面,咨询顾问已有的工作经历却无法帮助其找到解决方案。然而,只要收集事实,并展开分析,解决方案很可能会主动送上门。

前麦肯锡项目经理哈米什·麦克德莫,曾为一家大型银行做过这样一个项目。该银行要提高外汇业务业绩,希望麦肯锡帮助其将后台运营成本减少30%。那时,哈米什·麦克德莫一筹莫展,想不出任何可以为该银行削减成本的初始假设。他和项目团队的其他成员，对银行后台部门运作方式也不是很了解。因此，他不得不与该银行负责后台运作的女士以及她的高级职员面谈。这位女士直言不讳地说："你们从没有做过后台运作，且对后台运作一无所知。那只会有两个结果：或者你们做出一些我们认为不可行的建议，这建议必错无疑；或者你们听取我们的意见，得出一些我们已经知道的结论，这种情况下，你们并没有给公司带来任何的价值。我知道你们一直在做这个项目，但是依我看来，这完全是浪费我们的时间和银行的金钱。"

尽管如此，这位女士还是提供了麦肯锡项目团队想要的数据。研究结果得出，有一个产品只占银行业务的5%，其成本却占了银行成本的50%。麦肯锡项目团队可以改变这一状况，而银行对这一情况却全然不知。在这个项目接下来的阶段中，麦肯锡项目团队将这个分析扩展到业务的其他部分，且轻松超出了他们的预期目标。

通过上面的案例，初始假设并非成功解决问题的先决条件。想出初始假设，有助于推进思考。然而，如果你想不出初始假设，也不要失去信心。解决任何商业问题，都需要以事实为基础进行分析。因此，只要有充足的事实，用富有创造性的思维将它们结合起来，就可以找出最佳的解决方案。

第二章

分析问题的法宝

分析问题，首先要针对分析对象的状态与现象，进行追根究底式的归类。把比较混沌的事实，分成有意义的群组，然后再阐明其相互关系。如果不能分析出产生问题的真正原因，就无法从根本上解决。所以，采取有效的方法分析问题至关重要。

智慧宝典：MECE 分析法

MECE 是一种把一个工作项目分解为多个更细的工作任务的方法。MECE，即 "Mutually Exclusive, Collectively Exhaustive"，其中文意思是 "相互独立，完全穷尽"。这个分析法，就是对于重大的议题，做到不重叠、不遗漏的分类，从而有效把握问题的核心，并得以解决。

MECE 分析法，强调在解决商业问题或其他任何问题时，要尽量厘清思路，在保持思考逻辑完整的前提下，避免因任何原因而导致的困惑。

不遗漏、不重叠，是指在将某个整体划分为不同的部分时，必须保证划分后的各部门符合两个要求，即各部分之间相互独立、所有部分完全穷尽。

MECE 是麦肯锡思维过程的一条基本准则。说得具体些，"相互独立" 是指问题的细分是有明确区分、不可重叠的，"完全穷尽" 是指全面、周密。

MECE 是麦肯锡解决问题过程中不可或缺的要素。每一个刚加入到麦肯锡团队的新人，都会被要求学习并掌握 MECE 分析法，并能在实践中熟练地应用。

在麦肯锡公司自己内部的管理中，也有很多强调 MECE 的地方。例如：麦肯锡要求每一位咨询顾问提供的每份文件、每次情况说明、每份电子邮件或声讯邮件都必须是 "相互独立且完全穷尽" 的。

通过 MECE 分析法形成的观点是清晰、完整的。MECE 分析法的运用，始于解决方案的第一层，即分解问题，你要列出问题的构成清单。列出清单后，你就要仔细地研究一下清单上的内容。

MECE 的实施方法

MECE 会帮助分析人员找到影响预期效益或目标的关键因素，并找到所有可能的解决办法，还有助于管理者进行问题或解决方案的排序、分析，并从中找到令人满意的解决方案。

通常的做法分两种：

第一种：在确立问题时，通过类似鱼骨图的方法，在确立主要问题的基础上，逐个往下层层分解，直至找到所有的疑问。通过问题的层层分解，可以分析出关键的问题及初步的解决思路。

鱼骨图，又名因果图，指的是一种发现问题"根本原因"的分析方法。现代工商管理教育将其划分为问题型、原因型、对策型鱼骨图等几类。

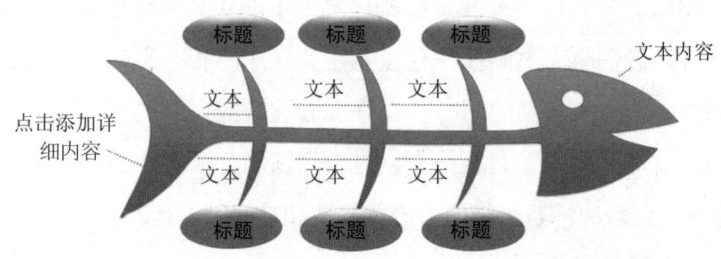

第二种：结合头脑风暴法，找到最主要的问题，然后考虑解决该问题的所有可能的方法。在此过程中，要注意多种方法的结合。再往下，要分析每种解决方法所需要的各种资源，并通过比较，从多种方案中找到最满意的答案。

MECE 的基本原则

问题树是 MECE 方法的一个重要应用。要实现相互独立，就要按层次以一个中心展开树状分析。问题树的分解必须要能够完全穷尽地展示对问题诊断的所有描述和内容。通过逐项地展开和分解，就很容易对问题产生的原因进行筛选和诊断。以下为问题树的图例。

问题树分析法

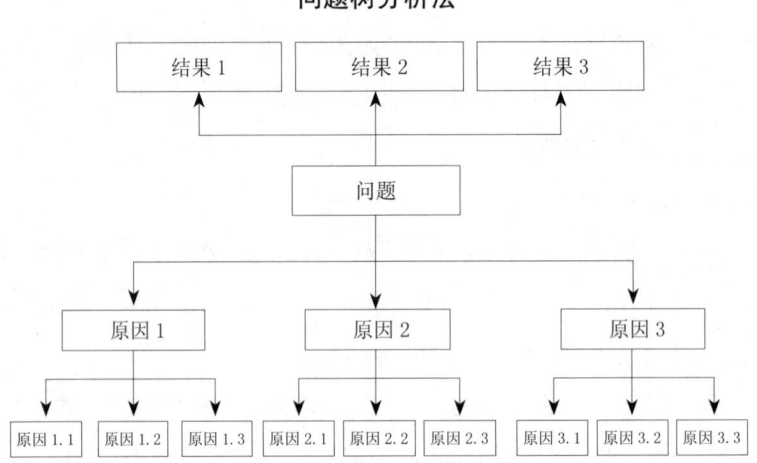

使用 MECE 分析法，要注意结构化思维不能代替系统思维。在问题树分解到最后时，这些原因之间往往存在着正负作用的相互影响。这样，当针对某一个原因制订解决方案的同时，也许会导致其他方面的恶化或出现新的问题和原因。这是必须要强调的一点，对于问题的分解固然能够达到完整性和相互独立性，但解决问题必须要考虑依赖性和其间的相互影响。

MECE 主要有两条原则：

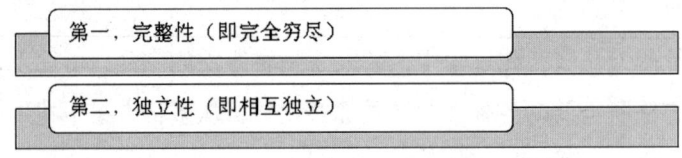

完整性（即完全穷尽），是指分解工作的过程中，不可以漏掉某项，要保证完整性。

独立性（即相互独立），强调了每项工作之间要独立，每项工作之间不能有交叉重叠。

MECE 可以帮助你用条理化和完善度厘清自己的思路，先从解决方案的最高层次开始，列出要解决的问题的各项组成内容。当你觉得这些内容已经确定以后，再进一步分析。

MECE 分析法的应用详解

运用 MECE 分析法，可以用具有条理的思维厘清解决问题的思路。MECE 的问题解决方案从最高层开始，然后逐层递进，罗列出待解决问题的各个要点。

确定了以上问题后，接下来就要进行深入的研究。例如：检查列出的每一项内容是否是相互独立的，如果是，那么罗列出的内容就是"相互独立"的；再继续检查问题的每一个方面是否都是所列内容中的一项，并且是唯一的，如果是，那么所列内容就是"完全穷尽"的。

举例说明：假如你的团队正在为某大服装品牌制造商做一项研究。你面对的问题是"需要卖出更多的服装"。

你的团队也许会提出一些方法来增加服装的销售量：

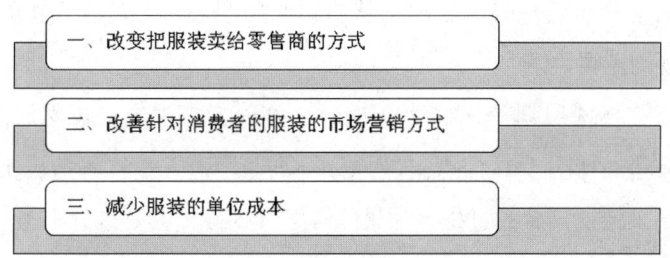

一、改变把服装卖给零售商的方式

二、改善针对消费者的服装的市场营销方式

三、减少服装的单位成本

这些方法看起来很简单。接下来，就要深入讨论转向细节层次的问题。特别要注意的是，这个清单要符合 MECE 的要求。

假设你加入了一项内容，例如：重新调整服装生产程序。这个方法与已经提出的三个方法如何相一致呢？这是一个重要的问题，它处于"减少单位成本"之下，与"调整分销系统""改善存货管理"这一类的问题是并列的。因为这些都是减少服装单位成本的方法。把它们中间的任何一项（或者是全部）与清单上其他三项列在一起就会造成重叠。

首先，你要保证清单上的所有内容都是独立的、清楚的（即"相互独立"）。其次，必须进行审视，以保证它同时还囊括了与这一问题有关的所有问题或事项（即"完全穷尽"）。

运用 MECE 分析法，根本目的是避免思维上的以偏概全和逻辑混乱，通过深入的分析将问题排列得更有条理，形成完整的三级（或多级）逻辑线。

那么，MECE 分析法是怎样展开的呢？

步骤一：首先要确认问题是什么，辨别目前所遇到的问题，以及分析问题的目的，这样才能着手去搜集资料，不至于漫无目的地东挑西选，以至材料引领分析的过程，使分析的逻辑变得混乱。

步骤二：找出符合 MECE 分析法的切入点。找到切入点的最佳方式是分析"问题"和"目的"，即你想通过资料解决什么问题？最终想得到一个什么样的结论。

需要注意的是，MECE 分析法的切入点往往不止一种。一般来说，擅长运用 MECE 分析法的人，能够从各种角度去拆解一件事情。所以，在用 MECE 分析法分析问题时，应尽量从不同的角度去思考，这样才能找到有助于解决问题的逻辑线。

步骤三：将项目划分，继续以 MECE 细分。有时候，虽然已经对资料、问题或答案进行了分类，但有可能划分得不够严谨。在这种情况下，需要用 MECE 法则来检视划分的过程。如果能够继续细分，就要细分下去。

步骤四：确认划分是否有错误、遗漏。审视划分的切入点是否合适，也就是审视是否有项目被划分到了不属于它的框架中，或者是否有重要的项目被遗漏。同时，还要审视是否有些项目根本就没有归属。有必要时，对于那些无法分析从属的项目，可将其划分到"其他"门类当中。

通过以上列出的四个步骤，再烦琐的问题都能建立起逻辑框架，进而被拆解开，从而得到最终的解决方案。

作为一种极简主义的思维武器，MECE 在分析、解决问题上能给人带来许多帮助。如果能够充分掌握 MECE 分析法，就能处理更多的商业问题，成为职场中的佼佼者。

逻辑树分析法：问题与议题间的纽带

逻辑树又被称为问题树、演绎树或分解树等，是连接界定的问题与议题之间的纽带。逻辑树是麦肯锡分析问题最常使用的工具，它是指把问题的所有子问题分层罗列，从最高层开始，逐步向下扩展。

把一个已知的问题当成树干，然后开始考虑这个问题和哪些相关问题或者子任务有关。每想到一个问题，就给这个问题也就是树干加一个"树枝"，并标出这个"树枝"代表着什么问题。一个大的"树枝"上还可以有小的"树枝"，依此类推，即可逐步找出问题的所有相关联项目。

通过逻辑树分析法，可以厘清自己的思路，避免重复和无关的思考，从而保证解决问题过程的完整性；还可以将工作细分为一些利于操作的部分，确定各部分的优先顺序，把责任明确地落实到个人；更可以将问题中涵盖的所有子问题进行分层罗列，且逐步细化，直到最终找到解决问题的具体办法。

逻辑树的作用

运用麦肯锡逻辑树分析法，通过逻辑思考，在解决问题的过程中，可深入研究问题的成因，并且能在短时间内将解决的对策具体化。

运用时，首先应以逻辑思考的因果关系作为解决方向，然后再经过层层的逻辑推演推导出问题的解决方法。另外，逻辑树分析法能够使人冷静、客观地进行逻辑分析，还能为具体的操作提供坚实的图表基础，有助于轻松地解决问题。

以下列举逻辑树的作用图表：

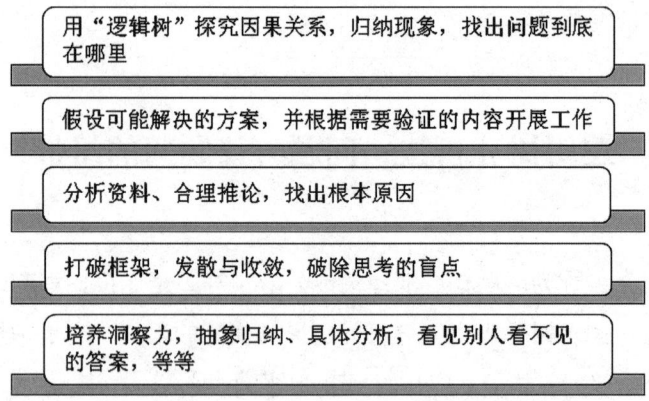

用"逻辑树"探究因果关系，归纳现象，找出问题到底在哪里

假设可能解决的方案，并根据需要验证的内容开展工作

分析资料、合理推论，找出根本原因

打破框架，发散与收敛，破除思考的盲点

培养洞察力，抽象归纳、具体分析，看见别人看不见的答案，等等

逻辑树的优点

运用逻辑树分析问题时，可把复杂的问题分解成一组较小的、简单的且能单独解决的子问题。然后，再把子问题拆细、分解。把子问题分解到足够细时，答案就会变得清晰、明了。

以下为逻辑树的优点罗列：

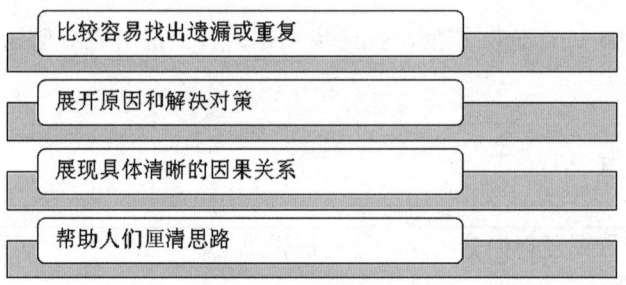

比较容易找出遗漏或重复

展开原因和解决对策

展现具体清晰的因果关系

帮助人们厘清思路

逻辑树的使用

如何运用逻辑树分析法呢？可以利用电脑软件分析，还可以在纸上画逻辑树，然后根据逻辑关系解决问题。

1.思考时层层展开

首先，可由左至右画出树状图，最左边空格中的内容，即为"思考的主题"。其次，思考造成问题的原因，制作出第一列原因的表格。当第一层原因浮现出来后，可以就个别原因再深入细究，依次是第二层原因、第三层原因……

透过逻辑树的层层推演，可以把问题抽丝剥茧，探索问题背后的每一个原因。还可针对表面化的问题，以因果逻辑为线索，在深度与广度上寻找问题的成因。

2. 集思广益想方案

找出问题的根本原因后，就以分析的结果作为依据，思考具体的解决方案，做法上基本与追究原因类似。首先，将"思考的主题"或"有待解决的问题"，放在逻辑树最左边，然后以问自己"应该怎么做来解决问题"的方式，逐步深入找出具体方法。

使用解决对策的逻辑树，不要偏离目标，行动间要有具体的因果关系。在解决对策"具体化"的过程中，要反复追问"怎么办"。如果多个对策都能用逻辑树串联起来执行，那么问题就很容易被解决掉。

逻辑推理的步骤

分析问题时，也可采用逻辑树分析法。要想进行有效的逻辑推理，就要掌握逻辑推理的步骤：

1. 确认需要解决的问题

这个问题应该是具体的，而非模糊笼统的，其内容要单一，不能出现多个问题的组合。

2. 分解问题

运用议题树、假设树和是否树来分解问题。

3. 剔除次要问题

对于复杂的问题，应根据重要程度对所有议题进行排序，找出关键驱动点，并且剔除次要议题。

4. 制订详细的工作计划

将思维过程转化为可执行的工作计划，这是咨询工作中的重要环节。

5. 进行关键分析

针对关键驱动点，通过头脑风暴的方式，利用团队的智慧找到解决方案。

6. 建立论证

综合分析调查结果，建立论证。

7. 进行交流

陈述整个工作过程，进行交流沟通。

逻辑树的类型

在麦肯锡公司，有三种最典型、最常用的逻辑树类型，分别为议题树、假设树和是否树。

1. 议题树

议题树，即将一个问题细分为有内在逻辑联系的子议题。

作用：将问题分解为可以分别处理的利于操作的小问题。

使用时间：在解决问题过程的早期使用，因为这时还没有足够的基础可以形成假设。

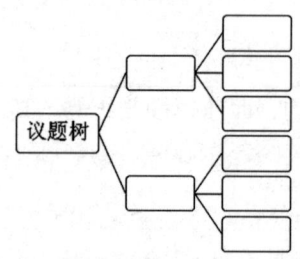

2. 假设树

假设树，即先假设，然后用足够的论据证明或否定这种假设。

作用：尽早把工作重点放在可能的解决方案上，加快解决问题的进程。

使用时间：对情况足够了解时可以使用，因为在这种情况下可以提出合理的假设。

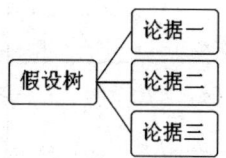

3. 是否树

是否树，即说明可能的决策和相关决策标准之间的联系。

作用：确定和决策最相关的议题。

使用时间：对问题及其结构有良好的理解，并可以将此作为沟通工具时，可以使用。

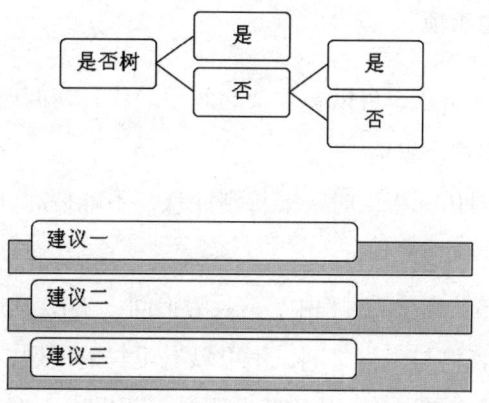

逻辑树模型在利润分析中的应用

通过逻辑树分析法，具体问题具体分析。在使用的时候，尽量把相关问题或要素考虑周全，以下是逻辑树模型在利润分析中的应用。

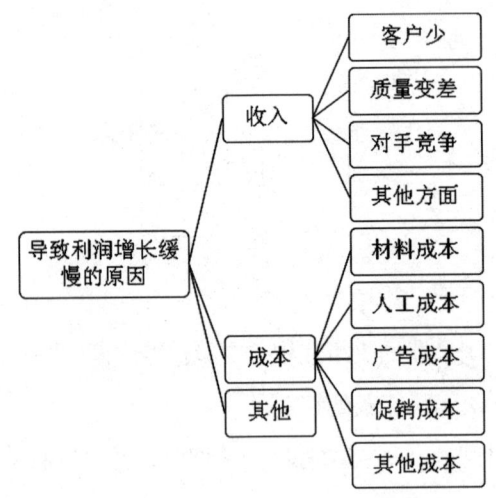

使用逻辑树的注意事项

运用逻辑树分析法，可以将复杂的问题简化，使问题从无序走向有序。使用时，应该注意以下事项：

1. 在运用逻辑树分析法时，要特别注意，不能偏离问题的目标。并且，问题与解决方案之间要有具体的因果关系。

2. 在解决对策具体化的过程中，应反复追问："So，How？"

3. 在垂直的表格与表格之间，不可以有重复的问题，也不能遗漏问题。如果发现有遗漏，但暂时不明确问题是什么，可以先用"？"代替，到后面再回过头思考一下问题到底是什么。

使用逻辑树分析法应遵循的原则

一般来说，使用逻辑树分析法要遵循以下原则：

1. 在为一个问题找到解决方案之前，可以先把一个已知问题当成树干。

2. 思考一下已知问题与哪些相关问题或子问题有关，再把该问题的所有子问题进行分层罗列。从最上层开始，逐渐向下扩展，不可以有遗漏或重复。

3. 向下扩展时，每想到一个已知题即"树干"，就可以再添加子问题即

"树枝"，要注明"树枝"代表的具体问题。一般来说，在大的"树枝"上，还可以再扩展出一些小"树枝"。以此类推，就能找出主要问题和所有相关联的问题。

4.对问题不断进行分解的过程，就是不断思考解决问题方法的过程。分解得越细，思考的解决方法就越准确。如果能把问题分解得足够细，答案就会逐渐清晰明了。

综上所述，制作逻辑树时，分解问题的方式并不是唯一的。选择的方式不同，就会影响到观察问题的角度和对关键问题的认识。

七步成诗法：解决问题不再复杂

麦肯锡七步成诗法，是系统的、完整的、稳定性强的项目问题解决指导方案，是管理企业的一种方法，主要应用于现代企业的管理中。

七步成诗法的核心思想在于面对问题，抓住本质，根据数据来解决单个问题，对问题进行归纳。也就是说，解决问题时，首先要看到本质，然后逐个击破，归纳总结，最终获得解决方案。

七步成诗法的七个步骤为：界定问题→分解问题→问题排序（漏斗过滤）→整理信息，分析议题→关键分析→归纳建议→交流沟通，表达方案。

七步成诗法是麦肯锡公司的一项基础技能，对于新手来说，通过运用此方法可以灵活地对问题进行分析总结，并使咨询顾问尽快熟悉并掌握商业逻辑推理。这是一种简洁明了且容易使用的逻辑方法。灵活运用，可帮助职业人士有效地解决企业面临的各种问题。另外，也适用于日常生活中需要深入探讨的复杂问题。

第一步：界定问题

很多时候，人们往往不清楚具体要解决什么问题，或者对解决问题的具体事项比较模糊。例如：领导认为你们部门的销售业绩不太理想，让你解决一下。首先你知道究竟要解决什么。业绩不理想，是指销量，还是利润？

所以，在解决问题之前，要先弄清楚问题的含义，明确其都包括哪些内容。

1. 对问题的确定

先要弄清楚究竟是什么问题，要具体地陈述，而非笼统地说明。陈述时，要有足够多的信息为后期决策提供依据。

完整地描述一个问题，主要具有以下三个特征：

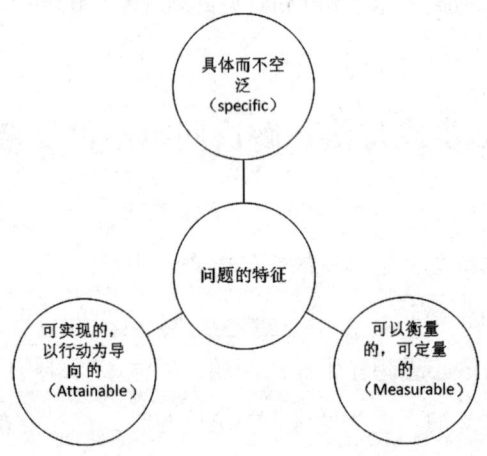

2. 问题界定报告的格式示例

需要解决的基本问题	出现问题以后，需要解决的基本问题是分析。分析要简洁，并可以确保结果能够实施。另外，描述得越具体越好
（1）观点／背景	对客户面临的"情况"进行评论，如行业趋势、在行业中的相对地位等
（2）决策者	确定客户方选谁来决定是否采纳项目建议。还要确定客户方中是否有人可能阻碍／中止项目建议
（3）成功的标准	客户决定是否采纳项目建议的基础。要明确指出"成功是什么"
（4）解决方案的范围	说明项目应该包括／不包括什么。例如：全球市场不包括研发活动，仅为非劳动力成本
（5）解决方案所受的限制	确定解决方案范围内的（最初）限制，这些限制可能随着解决方案／问题的明朗而逐渐缓解

3. Z 银行案例

Z 银行总裁张总找到一个项目小组，希望这个小组能帮助 Z 银行快速发展零售存款业务。销售总监李娜认为，目前的产品不具有吸引力，销售困难，应该重新开发创新性的产品。产品总监吴磊认为，目前银行柜员完全没有销售意识，应该加强培训和考核，通过这种方式来加强银行柜员的销售意识。运营总监宋佳认为，目前网点太少，应该增加网点的开设，通过这种方式来吸引更多的客户。

以上案例，如做成问题界定报告的格式如下：

需要解决的根本问题	需要解决的根本问题是快速发展零售存款业务。根据客户方的建议，得出几个可能的解决方案：①重新开发创新性的产品；②加强银行柜员的销售意识；③增加网点的开设。目前来看，需要解决的问题是，从三个解决方案中找出一个最佳的解决方案，或者将三个方案整合之后，提出一个最佳的方案
（1）观点／背景	目前，可以得知，能通过三个方法来解决问题：①重新开发创新性的产品；②加强银行柜员的销售意识；③增加网点的开设
（2）决策者	决策者是总裁张文 可能阻止项目的人员：销售总监、产品总监、运营总监。可能阻碍的原因在于：采取的不是他们所提出的解决方案
（3）成功的标准	成功的标准，需要和客户进行交流。标准是什么，例如：一定时间周期后的零售存款业务额增加多少个百分比；客户关注度、客户使用量提高多少个百分比；市场上的品牌价值获得怎样的提高
（4）解决方案的范围	解决方案的范围包括：提出方案；协同客户进行方案的落地；后期方案实现效果的反馈；方案落地后的短期维护 方案内容不包括：方案落地的资金、方案落地之后的长时间维护
（5）解决方案所受的限制	短期效果不佳；行业目前的发展态势不佳

第二步：分解问题

分解问题，就是把一个大的问题分解成若干个小问题，且从上到下逐级

进行分解。需要注意的是，在分解时应使用麦肯锡的 MECE 分析法，做到
"相互独立，完全穷尽"。

1. 分解问题的原因

分解问题，是提出假设的基础。主要包括以下内容：

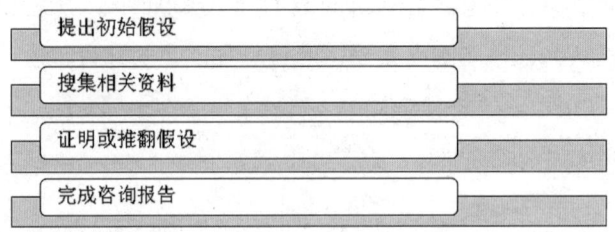

2. 分解问题的具体原则

分解问题有两个原则：第一，保证内容全面、充分，无遗漏；第二，问
题被分解后，各个要素之间应相互独立。

3. 分解问题的方法

分析问题的根本在于不断地提出假设，并且不断地推理，不断地修正已
经提出的假设。在分析的整个过程中，要深入探讨产生问题的更深层次的原
因，多问几个为什么。

4. 对产生问题的因素进行取舍的分析方法

分析产生问题的因素时，可以采用"二八法则"发掘出关键驱动因素。
验证产生问题的因素时，可以采用"头脑风暴法"进行验证。

5. 两种主要的逻辑树

分解问题时，可以采用逻辑树进行分解。而逻辑树主要分为两种，即议
题树和假设树。

（1）议题树

我们用分析银保市场的总规模来做以下示范，详尽解读议题树的应用。
通过议题树分析，可以直观地看出组成银保市场的各个部分。

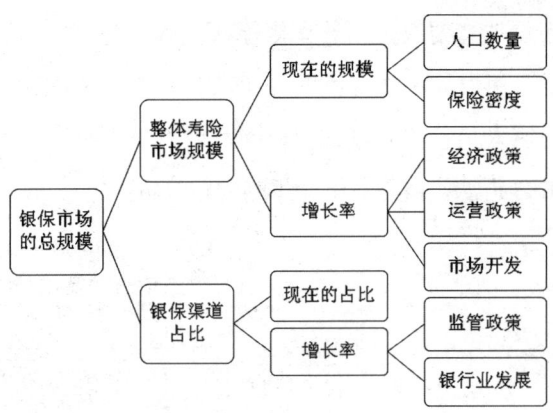

（2）假设树

下面通过分析调整某公司项目小组和公司领导出差费用来解读一下假设树的应用。

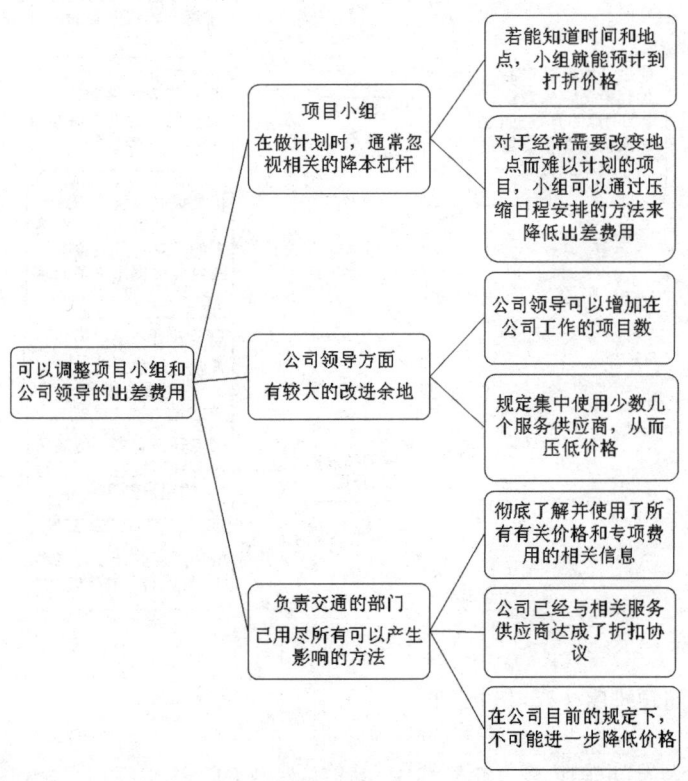

下面以 Z 银行"想要快速发展零售存款业务"为例，对这个问题进行分解。首先，想要快速发展零售存款业务应从三个方面考虑：现有产品能否满足客户需求；销售人员营销力度如何；网点设置是否存在缺陷。然后，应用麦肯锡的 MECE 分析法，再进行下一步的问题分析。

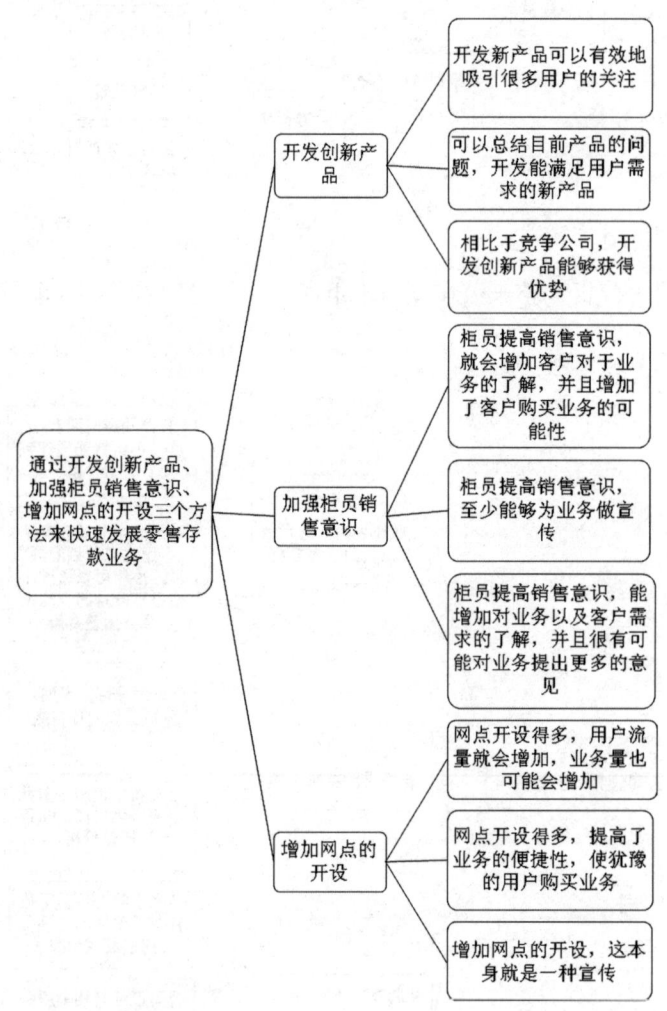

第三步：问题排序（漏斗过滤）

其实，对问题排序，就是找出能够获得最大收益的项目。要把非关键的问题去除掉。如果把每个问题至少分解成三个子问题，那么在分解几次后，就会发现问题增加了很多。

在这种情况之下，可以采取抓大放小的方法，将一些没有必要深入探究的问题去掉，找出影响问题的关键因素。

在对问题进行规划时，要注意具体环节，并且制订出相应的行动计划。具体步骤如下：

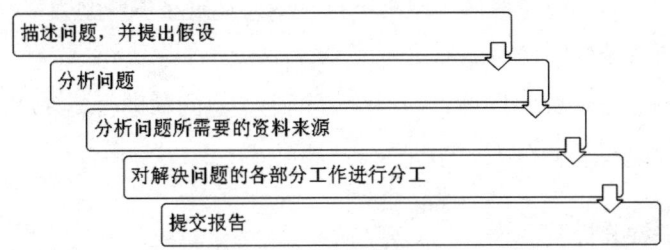

第四步：整理信息，分析议题

到了第四步，就要着手制订工作计划了，主要是合理安排人手，并规划好时间。

对于麦肯锡这样的咨询公司来说，有的项目必须在 1～2 个月内完成。因此，麦肯锡的咨询顾问每天都十分忙碌，要做很多具体的工作，例如：访谈、开会、整理资料、分析数据，以及做项目总结等。如果不制订工作计划，那么就难以按时完成工作任务。

1.编辑、整理、核实资料。具体步骤如下：

第一步：检查资料是否完整。分析资料的来源，对资料进行交叉核对。

第二步：核实记录的描述是否清晰。

第三步：排除或改正资料的错误。

第四步：将收集到的资料制作成统一的格式。

2.将资料进行整理、分类。具体步骤如下：

第一步：将资料按照时间进行分类。表明资料变化的趋势和速度，找出资料的随机性及周期性的波动特征。

第二步：将资料按照部门分类。检查各个部门之间存在的问题，加强各个部门之间的联系。

第三步：将资料按照责任分类。找出每个具体问题的责任承担人。

第四步：将资料按照结构和过程进行分类。确定资料的局部变革是怎样影响整体的。对具有影响全局能力的个别单位，要多加注意。

第五步：将资料按照影响因素进行分类，也就是把影响问题各个因素之间关系的资料进行分类。

将资料整理、分类以后，即可分析议题。将问题进行更深层次的分解，确认各子议题和所需的分析工作。

第五步：关键分析

到了这个步骤，就要对问题进行分析和论证且深入分析关键因素。针对各个关键因素，确定解决的方法是什么。

分析和论证，简单而复杂。如果问题清晰，那么就很容易找到解决问题的方法。

1.分析和论证的原则

要对问题进行分析和论证，就要了解分析和论证的原则。下面介绍一下分析和论证的几个原则：

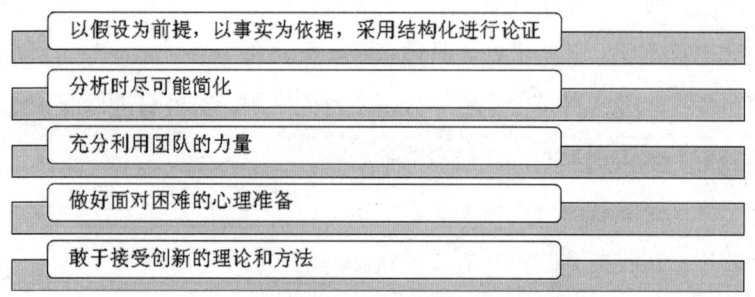

- 以假设为前提，以事实为依据，采用结构化进行论证
- 分析时尽可能简化
- 充分利用团队的力量
- 做好面对困难的心理准备
- 敢于接受创新的理论和方法

2. 分析论证的方法

要想深入地分析问题，从而解决问题，就要掌握分析论证的方法。下面介绍一下几种常用的分析论证的方法：

（1）因果分析法

因果分析法，就是利用事物发展变化的因果关系来进行预测的一种方法。以事物发展变化的因果关系为依据，抓住其主要矛盾与次要矛盾的相互关系。运用因果分析法进行市场预测，往往会取得很好的效果。

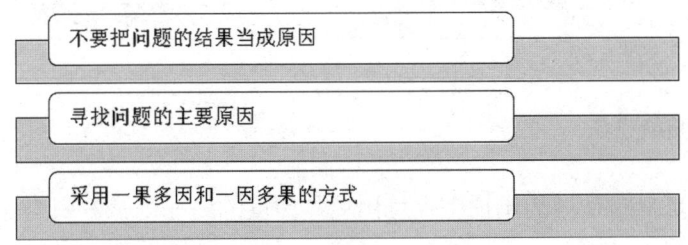

（2）比例分析

分析的因素之间应存在定性的关系，定性关系可用比例度量。另外，要同标准或已知的情况做比较。

（3）标杆比较

标杆比较，就是将自己的产品、服务、做法与竞争对手的或其他产业的产品、服务、做法加以比较，通过学习他们的做法，改善自己的产品、服务，以及经营绩效，提升竞争力。

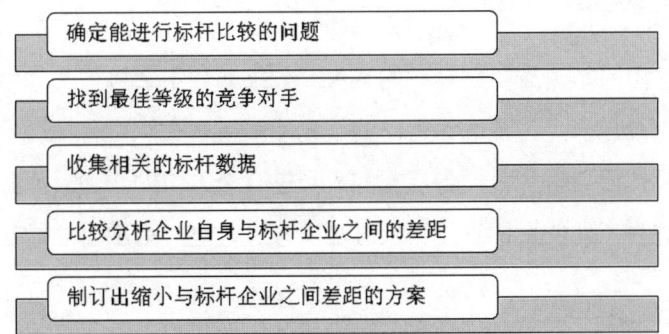

（4）趋势分析法

运用趋势分析法，就是通过对有关指标变化趋势的分析，从中发现问题，为追索和检查账目提供线索。例如：通过对应收账款的趋势分析，就能对坏账的可能与应催收的货款做出评价。

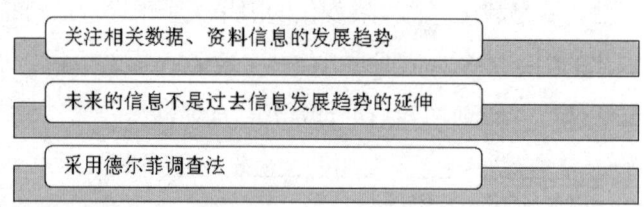

关注相关数据、资料信息的发展趋势

未来的信息不是过去信息发展趋势的延伸

采用德尔菲调查法

第六步：归纳建议

归纳是从一系列的概括中提炼出更具深度的内在因素。到了这个步骤，可以提出建议，导出总结性的结论。具体步骤如下：

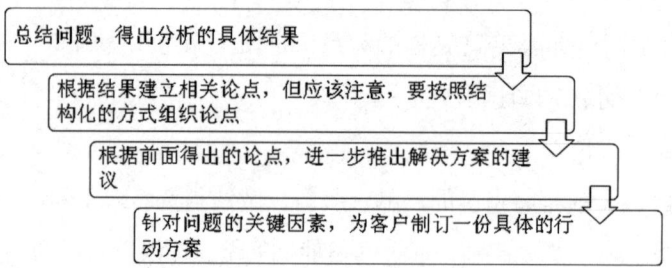

总结问题，得出分析的具体结果

根据结果建立相关论点，但应该注意，要按照结构化的方式组织论点

根据前面得出的论点，进一步推出解决方案的建议

针对问题的关键因素，为客户制订一份具体的行动方案

第七步：交流沟通，表达方案

最终得出的结论应得到客户的认可。如果客户不认可最终的结论，就要将该结论推翻重来。为了确保得出的结论能够被客户认可，在得出阶段性的结论时，应提前与客户公司各层次的人员进行全方位的沟通。如此一来，可以听取一些有意义的反馈意见，及时加以改进，也可为项目的成功打下良好的基础。

推出最终方案时，应使用大量的图表或图形。使表达的内容更清晰明了，并且更容易让客户接受。

对问题性质与内容进行描述时，可采用柱状图、饼状图、散点图；对问题进行分解，描述导致问题发生的各种原因时，可以采用树状图、鱼骨图；对问题进行分析论述时，可采用模型图。

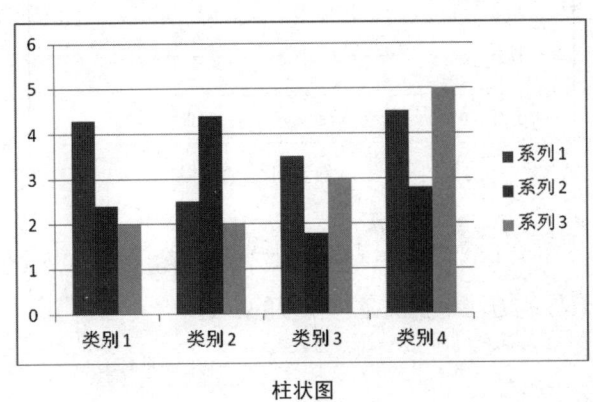

柱状图

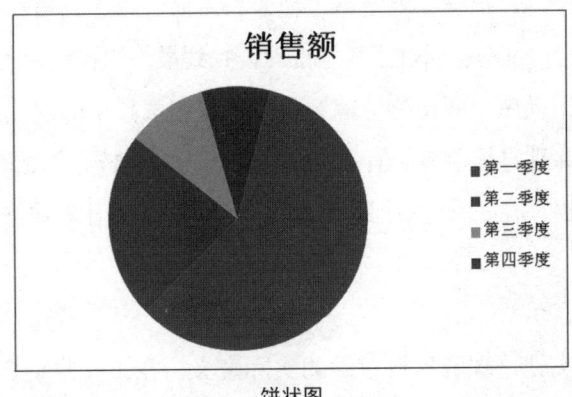

饼状图

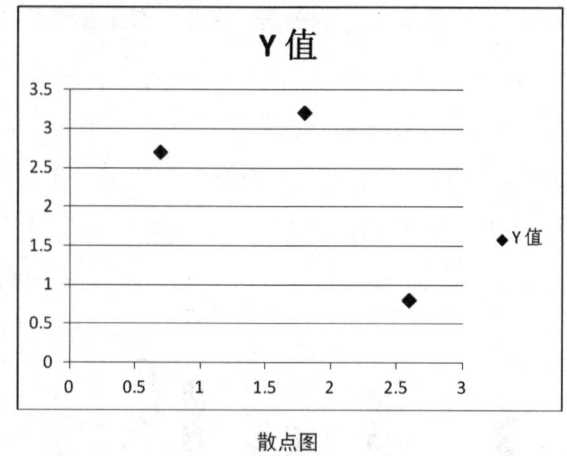

散点图

总而言之，在企业管理中，麦肯锡七步成诗法的应用十分广泛。在工作中可通过这个奇妙的方法来解决各种棘手的问题。

由外而内：透过现象看本质

对一个现象进行推理，就是透过现象看本质。收集到信息后，先将信息归类，然后再进行推理。通过不断地推理，找到最终的解决方案。

搜集到数据以后，要正确地解读数据，找出资料中的观点，将收集的资料整理一遍，并且将其中有价值的资料转变成能解决核心问题的建议与方案。透过现象看本质，通过资料的相关信息，层层深入，找出解决方案。

解读的意义

解读，其实就是理解资料背后的实际意义。在不断收集资料的过程中，随着资料的汇集与理解的加深，或许会需要修改初始假设，并把这种假设转变成最终要交给客户的建议。在最终的建议定下来之前，需要不断地否定原来的假设，不断地挑战原来的观点。

收集到一定的信息，形成了初步的假设以后，要问自己一些问题，例如：这个假设是否合理？数据是否完整？推理是否有问题？还有没有更好的建议？按照最终建议来实施有问题吗？实施后会有哪些风险等。

解读的执行规则

解读过程中，应遵循以下三个规则。

规则一：检查数据相关性，即问一问："那意味着什么？"

一般可以问三个问题：

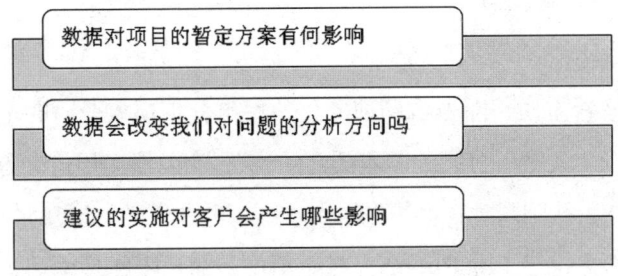

数据对项目的暂定方案有何影响

数据会改变我们对问题的分析方向吗

建议的实施对客户会产生哪些影响

规则二：厘清对项目相关方面的影响。

咨询团队（专家，关键用户），专家除了帮助分析问题外，他们也有可能受到别人的影响

项目团队成员之间可能存在利益上的冲突，所以要详细分析成员之间的关系，最大程度地消除成员关系对分析结果的影响

方案实施团队，项目实施时，会有边缘的成员加入，有些级别比较低的成员可能缺乏执行力，所以要考虑他们的能力与影响

规则三：记录所有图表中的核心见解。

明确记录每张PPT所展示的核心观点。因为，核心见解的陈述往往很重要，它能明确给出该图表存在的理由，让团队成员都对此有所了解。

正确理解透过现象看本质

学会透过现象看本质，可以节省很多时间。可从两个维度上来论述"透过现象看本质"。

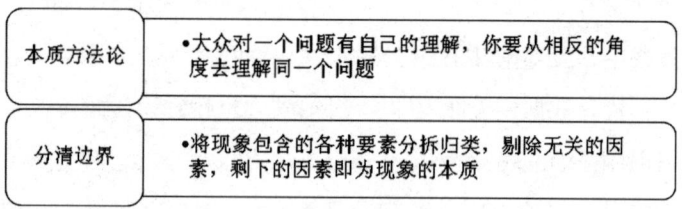

本质方法论	•大众对一个问题有自己的理解，你要从相反的角度去理解同一个问题
分清边界	•将现象包含的各种要素分拆归类，剔除无关的因素，剩下的因素即为现象的本质

1. 本质方法论

透过现象看本质，即先看到现象，然后再分析现象背后的本质。但在现实生活中，一个人有了自己的"本质方法论"，会习惯运用这套方法来解释所有的事物。在看待问题时，也是先看到本质，再去分析表象。

其实本质方法论，是指一个人在生活中，通过不断地学习、实践，总结出的一套个人哲学体系。他的这套哲学体系，在生活中经过了反复验证，并且不断地改进，直到这套体系成为一种可以完美解释他所看到的客观世界的理论模型。他的这套理论，就是他的本质方法论。

也就是先有了"本质方法论"，再去分析现象。

在透过现象看本质时，可抓住事件背后的"根本性"运作逻辑，理解真正的前因后果，不会被事件的表象、感性偏见、无关要素等影响了判断。这是一种重要的思维方式。

分析现象时，你会发现可以从 N 个角度去分析，你能通过每个角度总结出一种本质，但你没有必要把所有本质都分析出来。虽然这样分析出的本质有局限性，但是却更实用。你没有必要在分析现象上浪费大量时间，只需遵循一条原则——实用。

对于这个世界，每个人关注的点不同。商人关注的是商业运作规律，政客关注的是权力运作规律，心理咨询师关注的是心理运作规律。不同的人，关注的运作规律也许是有关联的。

例如：消费者消费时会有一种攀比心理，这是一条本质规律。那么，商人就会利用这条规律在文案、商品摆放，以及销售话术等地方激发消费者的攀比心理，从而让消费者掏钱购买他的商品。因此，对于商人来说，这条规律就是赚钱的策略。从心理学的角度来说，如果想节俭一些的话，就不要因攀比而冲动消费。

看透本质并没有很大的意义，运用本质规律却很重要。把本质规律利用好的前提，是你要有基础的"本质方法论"。例如：如果你想从商，那么就要先了解赚钱的基本原理，然后你才会知道"消费者在消费时会有一种攀比心理"这条本质规律，利用好就能让消费者主动掏钱消费。

2. 分清边界

分清边界，即将现象包含的各种要素分拆归类，剔除无关的因素，剩下的因素即为现象的本质。

透过现象看本质，并不是先看到现象，再去分析现象背后的本质，而是先有了自己的"本质方法论"，再运用这套方法论去分析现象。可以说，"本质方法论"是为了生活中的实用价值而服务的。所以，个人哲学体系有局限性，但正因为有这种局限性，看待问题时才能更聚焦，这有利于实际问题的解决。

形成个人"本质方法论"则需要一个过程，需要通过学习、实践、复盘、优化这四个步骤的反复运用。

探求本质的前提是确立主题，有了主题以后，才有可以入手的分析角度，从而得出具有实用性价值的结论。确立主题以后，就要分析问题，将这一问题的各个元素进行归类，包括有效的逻辑关联因素、泛逻辑关联因素、无逻辑关联因素。剔除掉泛逻辑关联因素和无逻辑关联因素，剩下的有效逻辑关联因素就是要探寻的本质。

现象是反映本质的最有力证据。透过现象看本质，需要去粗取精，去伪存真，由表及里，由此及彼。

　　总而言之，在分析任何数据的时候，要不断地猜想，不断地修正，不断地寻找更加好的方案。在工作中，更要透过现象看本质，通过已经搜集到的信息，层层递进，进行推理，分析问题。

框架型思考方法：杜绝徒劳的思考

　　据统计，在麦肯锡公司工作了3～5年后离职的员工，大部分人都能够活跃于其他行业，因为麦肯锡公司不仅有一套自成体系的工作法，还有一个有价值的思考方式，即框架型思考方法。通过这个方法，可以杜绝徒劳的思考，有效提升员工的竞争力和工作价值，让员工终身受益。

了解框架型思考方法

　　无论面对什么事情，在开始深入思考之前，都要先明确要思考的真正核心问题究竟是什么。若无法掌握什么才是真正需要思考的内容，那么无论花费多久的时间都是徒劳的。

　　日常工作中，一定要杜绝徒劳的思考，思考有意义的核心问题才能提升工作价值，通过麦肯锡框架型思考方法，就可以有效地杜绝徒劳的思考。

　　那么，如何使用麦肯锡的框架型思考方法呢？

　　首先，在开始思考之前，先制定目标，明确自己希望达到的状态和可能发生的改变。

　　你准备参加资格考试，就应该为资格考试做准备。如果你要参加的考试与你目前的工作相关，你可以一边工作一边准备考试，使所学知识与工作结合起来。如果你要参加的考试与目前的工作不相关，那么你要考虑一下该考试是否会对你未来的职业规划有所帮助。

　　思考问题时，不要局限于眼前的问题。上面的例子中，取得资格证书并非真正的目的，通过考试提升自己的能力才是真正的目的。在最开始的时候，就要思考一下取得资格证书后要做什么？要学会把握住真正需要思考的，而不是盲目地去思考。

思考时，不要局限于眼前的问题，要把目光放长远。

你要跳槽，所以准备参加公共英语考试，眼前的问题是备考。你要明白，你的真正目的不是取得公共英语等级证书，而是通过考试提升自己的英语水平。取得公共英语等级证书后，你想换一份什么工作？这是你在考试之前就要思考的问题。

针对跳槽这个问题，你可以拓展自己的思维框架。你该想一想，如果要跳槽的话，自己的优势是什么？你想要去的公司对员工有什么样的要求？其他的跳槽者是怎么跳槽到这家公司的？分析一下这些问题，就可以知道如何让自己的优势成为跳槽的关键。

思考问题时，要善于超越自己的框架。如果你认为自己能准确地发现潜在的问题，这是你的优势，那么你可以从事教师或者营销方面等工作。因为你能够发现学生受挫的原因，从而鼓励学生，提高学生的学习能力。

每个人都有自己独有的框架，能够清楚地认识到自己和他人的框架是什么，任何问题都会变得很简单。在探索组织内部的问题时，要弄清领导的框架、员工的框架。例如：企业管理人员认为，公司的员工都没有工作动力。那么，激发员工的工作动力就是管理人员眼中的关键问题。

然而，这只是从管理层的框架出发，得出了员工没有工作动力的原因。实际上，员工没有工作动力的原因到底是什么呢？从员工的角度出发看问题，大部分员工认为自己与管理层之间的沟通有问题，对管理人员没有好感，因此工作起来没有动力，没有热情。

麦肯锡的咨询顾问认为，如果心中没有疑问，那么运用分析框架也无法弄清楚自己到底希望达到什么目的。相反，如果养成一切思考都从疑问出发的习惯，那么即使是自己的问题，也可以做出客观的判断。

采用"3C"框架分析问题

3C 框架就是一种实用战略型分析系统。这里所说的"3C"，指的是公司（Company）、顾客（Customer）、竞争对手（Competitor）。运用 3C 框架能清晰地了解顾客与竞争对手的情况，并且灵活制定和调整自己的战略。一般来说，企业探讨市场战略方面的问题时，可以运用 3C 框架。

1. 分析公司的情况

从内部分析公司所具有的优势、劣势，从而及时做出调整，避免劣势的扩大化。增强优势的张力，充分调动、整合公司的资源，强化公司的组织结构，提升创新能力，保证公司始终处于活跃的状态。

2. 分析顾客的情况

通过系统的调查分析，实时调整营销策略、手段，在保证原有老顾客的情况下，挖掘潜在目标顾客。并且，要不断优化服务和产品性能，迅速建立顾客信任度。

3. 分析竞争对手的情况

正所谓"知己知彼，百战不殆"。在了解公司具体情况的前提下，深入了解竞争对手的情况，有利于改进、优化公司的产品、服务，从而提升竞争力。

解决问题时，如果已经明确了自身的优势，掌握了成功的关键，那么就可以灵活地发挥自身的优势。可以借着自身的优势去处理一些其他问题。例如：你目前从事的是营销工作，如果你的营销经验和业绩都很好，那么你就可以准确地了解自己的优势，并及时发现客户的问题。由此，你便可以晋升到管理层。这就是超越原有的职业框架，挖掘自身新能力的过程。

SWOT 分析法：商业决策的参考工具

在分析领域，SWOT 分析法的知名度甚至超过了麦肯锡。很长一段时间里，SWOT 分析法成为许多商业决策重要的参考工具。了解 SWOT 分析法，对于锻炼逻辑思考能力有很大的帮助，还有助于了解麦肯锡的企业文化。

SWOT 分析法，是指以优势（strengths）、劣势（weaknesses）、机会（opportunities）和威胁（threats）来分析一件事情的可行性。实际上，就是将一件事内外部条件进行综合和概括，从而进一步分析出优势、劣势、面临的机会，以及威胁的一种方法。SWOT 分析法在企业战略决策及前景分析等方面有着重要的作用。

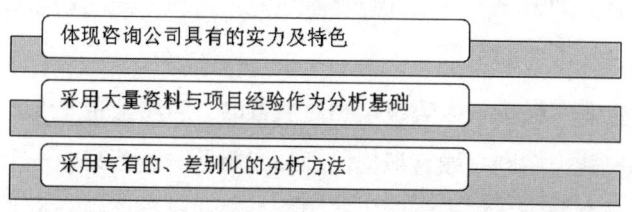

体现咨询公司具有的实力及特色

采用大量资料与项目经验作为分析基础

采用专有的、差别化的分析方法

一家设立于中国内地的物流企业，要加大投资，以拓展在全国范围内的市场，对于投资的前景，麦肯锡咨询顾问用 SWOT 分析法进行分析。

分析如下：

优势（strengths）：从事物流企业多年的经验；良好的企业财务盈利能力；基本覆盖全国的直营网点；先进的信息管理系统和技术设备；良好的企业品牌形象。

劣势（weaknesses）：人才缺乏；一线、二线新入职员工流失率相对较高，增加企业用工成本；资金融资渠道单一；三线城市缺乏网点。

机会（opportunities）：国家政策的支持；中国持续保持很快的增长，地区间经济的融合，将会扩大物流市场容量；精良自动化中转设备、终端设备，以及信息管理系统应用将进一步提高物流产业操作效率。

威胁（threats）：竞争程度不断加剧；国际物流公司进一步渗透；大型企业的多元化，电商组建自己的物流网络；政府对环境治理的力度不断增强，物流业需要支付更多节能成本；不断提高的人工成本和营运场地租金，将增加企业的经营费用。

这份分析报告中，该企业的优势、劣势、机会与威胁均被全面地概括出来，问题出在什么地方，一目了然。SWOT分析法具有清晰性、条理性、针对性、对比性四大优势。

SWOT分析法的运作方式，需要对SWOT中的SW和OT两个环节分别加以说明。

SW即企业的优势和劣势，是对企业内部条件的分析。识别环境中有吸引力的机会是一回事，拥有在机会中成功所必需的竞争能力又是另外一回事。每个企业都应定期检查自身的优势与劣势，如此一来，才能保证持续的竞争力。

当然，企业的优势与劣势也是相对而言的。当两个企业处于同一市场或者说它们都有能力向同一顾客群提供产品和服务时，若其中一个企业有更高的盈利率或盈利潜力，那么就可以认为这个企业比另外一个企业更具有竞争优势。换言之，所谓竞争优势是指一个企业超越其竞争对手的能力，这种能力有益于实现企业的主要目标——盈利。

需要注意的是，优势不一定完全体现在某个点上，许多能够使企业保持相对竞争力的因素，均可被视为优势。

以企业战略分析为例，OT即企业面对的机会与威胁，分析OT的主要目的是分析企业所在的生存环境对企业的影响。环境的影响可分为两类：一类表示环境威胁；另一类表示环境机会。

环境威胁指的是，环境中一种不利的发展趋势所形成的挑战，若不采取果断的战略行为，这种不利趋势将会导致企业的竞争地位受到削弱；环境机会是指对企业行为有吸引力的领域，在这一领域之中，该企业将会拥有一定的竞争优势。

运用SWOT分析法有一定的好处，既可以找出对自己有利的因素和需要规避的因素，又可以发现存在的问题，找出解决的办法，并且明确以后的发展方向。

根据SWOT分析法，还可以将问题按照轻重缓急分类，明确哪些是需要尽快解决的问题，哪些是不急着解决的问题，哪些是战略目标上的问题，哪些是战术上的问题，并且将这些研究对象列举出来，依照矩阵形式排列，然后用系统的分析工具，将各种因素相互匹配起来，加以分析，从中得出一系列相应的结论。

运用 SWOT 分析法时，应对企业或问题有客观的认识，能够区分目前的状况及未来的前景。譬如，运用 SWOT 分析法来分析一个问题的解决方案时，需要全面考虑当前的问题，以及分析出的解决方案所引起的所有变量。另外，还要与其他的解决方案相互比较。

商业机遇分析法：让新公司快速成长

麦肯锡公司曾处理过大量企业经营管理的案例，总结出了一种有关公司商业机遇方面的分析方法，对于新创公司而言，这是一种重要的分析方法。

明确新创公司的市场

大部分新创公司的商业计划往往没有模式可以借鉴。新创公司的市场一般都是外延式的，并非那些传统、有模式的市场。

譬如，目前存在一些具有创新性的服务型市场。有许多高科技公司在做软件，那么公司就面临对市场的抉择——这种软件是套装软件还是服务型软件呢？

如果用户是一家企业财务软件提供商，市场定位就是各个大、中、小型企业，但是同时它还是企业软件的集成商及套装软件商，所以，首先要明确新创公司的市场定位，然后找出它在市场中到底位于价值链的哪一端。先确定企业的市场在哪里，才能明确企业的竞争对手有哪些，竞争对手有哪些机遇和挑战。这样，有利于准确地为企业把脉。

分析影响市场的因素

明确了企业的市场定位以后，就要分析影响该市场的各种抑制或驱动因素，然后找出影响市场的环境因素，还要找出影响市场的长期因素和短期因素。另外，如果发现抑制因素属于长期且不可控的，那么就要考虑是否需要放弃该市场。

有些普通的新创公司，面对的多为新兴市场，这样的市场并不像汽车行业的市场那样成熟，所以不能使用一些比较成型的模式或数据进行分析，比如平均每年增长比例等。以前的一些老模式，如今大都面临着新挑战。

寻找市场需求点

对市场进行精准分析，对市场的各类客户进行分类，并且熟悉了各类客户的增长趋势以后，就可以轻易地找出市场的需求点。

中国的房屋消费市场增长很快，然而地区与地区之间差别很大，同一个地区的不同地段差别也很大。这就需要做出分析和判断，比如哪个地段、哪个价位的房屋市场增长很快？有哪些阶层的人在这个价位购买了房屋？其驱动因素有哪些？

分析市场的供应特点

分析市场的供应特点，就是找出有多少人在为这个市场提供服务。这样，就可以在市场的整个价值链中找出许多合作伙伴。

在奶制品市场中，有些企业负责养奶牛，有些企业负责生产奶制品，还有些企业负责销售奶制品。对于负责销售奶制品的企业来说，负责养奶牛和负责生产奶制品的企业就是上游企业，是其合作伙伴。另外，要结合对市场需求的分析，找出合作伙伴在供应市场中所具有的优势和劣势。

找出新创公司的空间和机遇

在关键购买因素增长极快的情况下，如果供应商因其自身原因而难以满足市场需求，而新创企业的模式却刚好可以补充、填补这个空白，就会形成新的创业机会。

这对于那些创业公司及大公司同样适用。然而，新创公司需要集中精力迅速攻占这一空白领域，也就是迅速找到商机。

对创业模式进行细分

找到新的领域后，新创公司往往想在创业模式中"一口吃成个胖子"，想在整个价值链中从头做到尾。例如：自己做软件、集成、营销等。

如果公司创业模式的战线拉得很长，就无法集中自己的优势资源，这是许多公司最终失利的原因。所以，要在整个价值链上挑选适合企业的具有竞争力的模式。

对于外围市场，要弄清楚与谁联合、与谁竞争；是短期联合，还是长期联合；是外部营销联合，还是内部研发联合。弄清楚这些后，公司就可以轻松地征服这个市场，且新创公司的商业模式也能集中体现出来。

化繁为简：找出问题的捷径

擅长展开逻辑思考的人，能将简洁的想法传递给他人，让对方领会并接受自己的主张。对于普通人而言，要想做到高效工作并不是很容易，而善于将复杂的问题简单化，即化繁为简，是麦肯锡公司做事事半功倍的妙招。

工作内容应简洁明了

为了提高解决问题的效率，麦肯锡公司提出了以下三个原则：

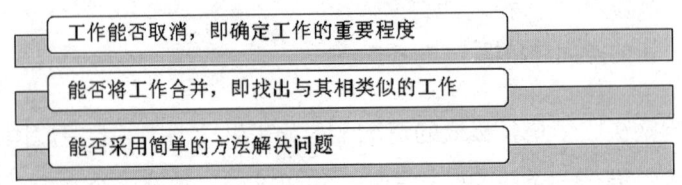

根据这三个原则，在分析、解决问题时，还要考虑以下几个问题：

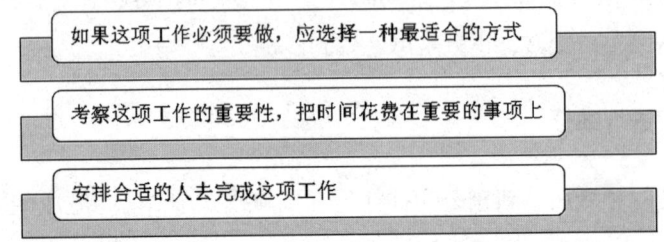

对工作进行分析、检查以后，即可按照下列步骤进行操作：

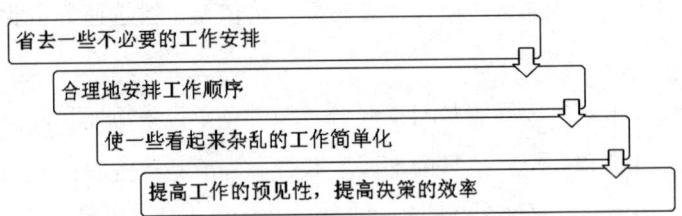

为了使工作内容简单明了，就要使工作秩序富有条理。首先，要清理办公桌上与所做工作无关的东西，这样能够确保所做工作是此时最重要的工作。其次，要将所有工作项目的所需物品放在档案袋中或抽屉中，相关物品要放在相应的位置上。然后，还要避免手头上较复杂且厌烦的工作，别受到其他富有吸引力工作的干扰。也就是说，要确保先完成手头上的工作，再进行下一项任务。

工作方法应多样化

管理学中，把许多工作以单方向依次完成，这被称之为垂直型工作。根据系统论或运筹学的原理，可在同一时间段内把多项工作综合展开在一起统一安排，且同时进行，这样能够有效地提高工作效率。

对于一些互不相同但有类似之处的工作，可以利用其相同的特点，将这些工作相结合起来研究、解决。由此，可省去诸多重复劳动的时间。

工作时，要善于改变工作方法。这里介绍两种改变工作方法的方式，即"分析改善方式"和"独创改善方式"。分析改善方式是指对现行的工作方法进行仔细的分析和研究，然后找出其中存在的不合理的问题和无效的问题。接下来，对其加以改进并最终完成；独创改善方式是指在明确目标的基础上，在没有受到现行方法的局限的情况下，从中选出最佳方法。

还可以把不同性质的工作内容互相穿插完成，以避免过度劳累。例如：写报告期间，可以安排一些其他的事情，使自己的大脑得到适当的休息。

另外，可以把某种工作事项换成其他更方便的工作事项。例如：能用电话沟通，就不花费时间写邮件；需要每周都拜访的客户，可以改为隔周拜访一次，在不需要拜访客户的那一周，可以通过打电话或写邮件的方式代替亲自拜访。

开展工作时，可使用相同的方法安排那些经常进行的工作。例如：在记录时，可多用一些通用的记号；对于客户经常询问的问题，可事先准备好标准答案。

第三章

提高企业生存的黄金法则

　　解决问题时，麦肯锡的咨询顾问会遵循一些有效的法则，比如二八法则、电梯法则等。在工作中遵循一定的法则，往往能够事半功倍，取得良好的效果。如果不遵循一些重要的工作法则，或许会浪费诸多时间，难以取得良好的工作效率。所以，要相信"法则"的力量。

发挥领导力，你就是领导者

领导力决定职位。那么，什么是领导力呢？并没有一个标准答案。领导力并不等于职位，严谨地说，这是一种活动。无论你在公司是否有一个固定职位，只要你开展了活动，你就发挥了领导力，你就是领导者。

了解领导力

即使你有职位，如果你没有发挥领导力，那么你就不算是领导者。詹姆斯·库泽斯说："在生活的各个领域，我们都可以发现领导力。你可以在孩子们游戏时看到领导力，有的孩子被选为队长，有的孩子自愿成为队长。你还可以在社区里看到领导力，志愿者领导一个项目，或者领导一个政治活动。"由此可见，领导力与职位无关。

管理者一般都有职位，而领导者往往没有职位。经理人一般是推选出来的或者任命的，但是领导者可能是推选的或自动形成的。管理是一种较为正式的运作，而领导往往不太正式。

历史上有一些领导是被选举的，而不是任命的，例如美国民权运动领袖马丁·路德·金。由于他的领导方式吸引了许多支持者，所以被人们选举出来。领导力与职位无关，与行为有关。领导力并非机械的管理，而是一种积极的变革。管理是维护和保持现有的状况，而领导力则正相悖，是改变现有的状况。

管理大师吉姆·柯林斯说："领导者能够思考组织新的应用，能够把组织引向从来没有去过的方向。领导更多的是关于方向，管理则更多的是关于效力和实现哪个方向。"

确切地说，领导力就是"领袖力"。担任领导职位的人，被称为领导。而实施领导活动的人，被称为领袖。领导象征着权力，而领袖则具有比较大的影响力。领导维持现状，而领袖则懂得积极变革。领导会发号施令，而领袖则为人们树立榜样。领导可以带领下属，而领袖却有很多追随者。领导寻求身份地位，而领袖则寻求成就。领导能够让自己成功，而领袖则可以使他人成功。

当上领导以后，还要追求当一名领袖。你想当一个团队的老板还是一个团队的领袖？一般来说，当一个老板，你的权力主要来自于你的地位。领袖的力量，来自于个人的影响力。领导往往会支使他人去做一些事情，而领袖则能通过自己的影响力感召他人心甘情愿去做一些事情。

领导职位是领导力发挥的平台，表示你有权力发挥领导力。在组织层级中，职位越高的领导，责任越大。在工作中，处理就是规规矩矩地做事，管理就是以正确的方式来做事，领导就是要做正确的事。

麦肯锡公司主要是由领导者组成的，他们建立了一种机制进行管理，使每个人都充分发挥自己的领导才能，从而推动公司的发展。麦肯锡能够长久存在并且不断创造价值的关键，在于麦肯锡本身有着长期不变的价值理念。

领导是企业前进的指路明灯

企业的发展，需要领导正确带领团队。有领导力的领导者，往往能够为团队的每位成员灌输正确的工作观、价值观，并且把工作的技巧告诉每位成员。这样的领导者，能以身作则，为大家树立榜样。

麦肯锡的领导者是怎样领导员工的呢？

1. 让员工把客户的利益放在第一位

日常工作中，每位员工都应该把客户的利益放在第一位，将工作与自我分开。在平日的工作中，首先要在意的是工作，而不是自己。

美国运通公司的前首席执行官哈维·葛洛柏，退休后一度在麦肯锡公司

工作，他曾问过同事："工作中什么是最重要的？"他的同事告诉他："持续不断地为客户提供优质服务。"哈维问道："我应该怎样做才能做到最好？"同事告诉他："如果你听信其他的什么，你就不会做到最好。"要知道，越简单的东西，坚信且能做到的人越少。

2. 让员工始终如一，思想开放

麦肯锡有着独特的企业使命、文化和独特的价值观。麦肯锡的员工，普遍都拥有宽容、开放、灵活的态度，他们坚守自己的信念，能够及时调整思维以应对工作中的各种变化。

3. 让员工以事实为依据，解决问题

坚决实事求是，务必根据事实来解决问题。做咨询项目，麦肯锡的咨询顾问一般都以访谈开始。顾问人员要先了解企业的实际情况，才能具体做出分析，从而给出一个合理的解决方案，坚持以事实为基础，确定企业发展方向。

4. 让员工正确看待问题和决策

不谋万世时，不足谋一时。不谋全局者，不足谋一域。要学会从后续行动和全局背景的角度来看待问题和决策。麦肯锡制订解决方案，依靠的是对事实背后来龙去脉的把握及咨询人员丰富的想象力。

现代管理咨询之父，麦肯锡公司的创建人马文·鲍尔在麦肯锡工作的59年间，每次召开业务会议时，他都会询问某个问题和大背景之间的关系，询问这种关系应该如何体现在行动计划中。麦肯锡坚信，若咨询顾问的建议和分析被搁置，那么管理咨询的声誉会受到影响。咨询顾问要给客户提供可行性方案和科学建议，与此同时，还要督促和指导客户开展积极有效的行动。

5. 让员工认识到公司、工作很重要

麦肯锡可以使公司所有成员感觉到公司和工作的重要性。

马文·鲍尔在麦肯锡工作时，会通过多种方法感染员工，例如：随口评论、培训宣讲和亲自撰写备忘录等。马文·鲍尔认为，作为咨询顾问，应该把吃午饭的时间都利用起来，不要随意浪费宝贵的时间。午饭时间，可以联络或会见老客户、潜在客户。马文·鲍尔给员工留下了良好的印象，为员工树立了榜样。

马文·鲍尔的工作经历值得领导者学习。领导者可以通过许多方法感染员工，使其感觉到工作是十分重要的。

6. 让员工反复宣讲公司的价值观

麦肯锡一直都在倡导公司的价值观。为了使员工对这些信息保持新鲜感，马文·鲍尔抓住多个事例，通过这些事例来凸显对与错。在进行内部教育方面，马文·鲍尔懂得要与时俱进。如果公司内部有人违背了价值观，他会开除高级人才。如果有人把工作做得非常漂亮，那么他也会进行表彰。

麦肯锡当初只有18个人，如今已经发展成为一个大型国际管理咨询公司。马文·鲍尔所创建的这个组织，不但帮助许多领袖走向了成功，也促进了美国商业的发展。

领导者应具备的基本功

麦肯锡的一项调查结果显示：很多公司的发展和改革能够得以持续，并且取得良好的业绩，关键不在于高级管理者，而在于拥有一批具有专业素质的人才和高素质的领导者。

高素质的中层领导者是企业的中流砥柱，他们在一定范围内影响着普通下属的职业行为，甚至影响着企业的兴衰。所以，中层领导者的个人能力和专业素质至关重要。

在不同的发展时期，对于规模类型不一样的企业，中层领导者所需要具备的素质也不一样。但有一些素质无论对哪种企业都非常重要，如中层领导者的主动性、带领团队的能力和执行力、培养他人的能力，以及专业素质等。

企业中的领导者就像带兵打仗的将军。如果想要管理好员工，领导者就要具备一定的基本功。

1. 言辞准确

领导者首先要向员工说清楚工作的目的、要求和具体方法。领导向员工提出要求时，要注意自己的言辞，内容不含糊、不矛盾，语言要精准，并经得起推敲。

这里所说的"要求"，包括方针、计划、目标、标准，以及措施等。领导把要求说清楚，员工才能听明白，从而去实施。

2. 让员工自觉达到要求

领导要明白，如果你自身具有良好的品德，深受员工的尊敬，那么员工就会自觉达到你规定的工作要求。领导要注意民主，实行廉政，给员工足够的安全感，充分信任员工，这样员工就会心情舒畅，有较高的工作热情。

3. 让员工懂得如何达到要求

领导要重视员工的培训，尤其是岗位培训。通过培训，可以使员工知道如何达到要求。更新标准以后，领导要制订培训计划。

4. 让员工都能够达到要求

领导要保证员工的心态和生理条件达标。确定好发展目标以后，决策者和执行团队要以最小的投入确保目标的实现。

5. 让员工必须达到要求

领导要保证责任制度的合理与完备，使这些责任制度起到积极的作用。譬如，激励与惩罚制度要合理。

二八法则：商界的一大真理

二八法则是管理咨询中的真理，同时也是商界的一大真理。二八法则是解决问题的一个秘诀，该法则与数据相关。搜寻公司里的数据，然后就能找出改善问题的办法。在企业发展的过程中，二八法则起到了至关重要的作用。

二八法则

二八法则又名帕累托法则、巴莱特定律、最省力法则、不平衡原则等，被广泛应用于企业管理学中。它是 19 世纪末 20 世纪初意大利经济学家帕累托发现的。他认为，在任何一组东西中，最重要的只占 20%，其余 80% 是次要的，因此又被称为"二八定律"。

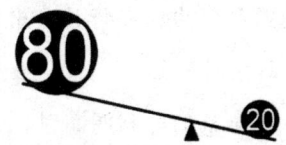

二八法则有助于应付一系列有待完成的工作。面对一系列工作，看起来是不可能——完成的，人们难免心存畏惧，大多数人在还没有做之前就感到泄气，或者先做最容易的。然而，只要做到所有事项中的两三项，就可以获得最大的好处。因此，找出这两三项，各花上一段时间集中精力把它们完成即可。

凯利·穆尔（Kelly Moore）于 1939 年大学毕业后，在哥利登油漆公司找到一份业务员的工作。当时他的月薪只有 160 美元，然而穆尔满怀雄心壮志，拟定了一个月薪 1000 美元的目标。穆尔在逐渐对工作感到得心应手后，他拿出客户资料及销售图表，以确认大部分的业绩来自于哪些客户。他发现，80%的业绩都来自于 20% 的客户中。同时，无论客户的购买量是多少，他花在每个客户身上的时间都是一样的。于是，接下来，穆尔将其中购买量最小的 36 名客户退回公司，然后全力服务其余 20% 的客户。

结果，在第一年，他就实现了月薪 1000 美元的目标。在第二年，他轻易地超越了这个目标，成为美国西海岸数一数二的油漆制造商。最后，穆尔成了 Kelly-Moore 油漆公司（Kelly-Moore Paint Company）的董事长。

通过这个故事，可以看出树立正确目标的重要性。同时，还体现出了二八法则的有效性：总结果的 80% 是由总消耗时间中的 20% 所形成的。

二八法则在麦肯锡的应用

作为解决问题的经验法则，二八法则在麦肯锡一直起着举足轻重的作用。

运用二八法则解决问题时，首先，要充分了解客户公司的多项数据。其次，用不同方式将数据分类。然后，研究数字，找出规律。最后，找出问题关键所在，利用合理的方法解决问题。

麦肯锡曾接手一个项目，与纽约的一家经纪行进行合作。经纪行的董事会想提高其证券经纪业务的盈利能力，要将股票出售给大型养老基金，以及类似于富达和 T.Rowe Price 的共同基金。

当客户询问"如何才能提高我们的利润"时，麦肯锡首先要做的是退后一步，问一下客户："你们的利润来自哪里？"为了找到这个问题的答案，麦肯锡的团队要仔细检查客户的每一个经纪人及交易员的每一笔账目。麦肯锡花了几周时间，从每一个可以想象的角度研究这些海量的数据。

通过对数字进行计算，麦肯锡得出了以下数据：

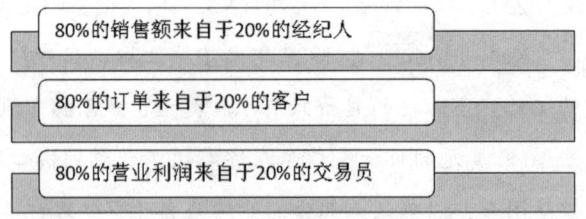

80%的销售额来自于20%的经纪人

80%的订单来自于20%的客户

80%的营业利润来自于20%的交易员

这些结果表明，客户在分配员工资源方面存在问题。从表面来看，80%的销售人员都是懒惰的、不称职的。但是，如果深入挖掘的话，会发现情况要复杂得多。经过深入探究，麦肯锡找出了解决问题的办法。

二八法则在企业中的应用

日常生活中，二八法则也无处不在。商家 80% 的销售额来自于 20% 的商品，80% 的业务收入是由 20% 的客户创造的。在销售公司里，20% 的推销员带回 80% 的新生意。我们通常会用 80% 的精力，去做一些只能取得 20% 成效的事情。

目前，在国内企业管理中，"管"与"理"普遍按照 8:2 的比例。然而，在世界经济发达国家的企业管理中，"管"与"理"遵照 2:8 的比例。

保险公司的经营当中，有 80% 的企业员工在后勤，只有 20% 的员工在一线。公司政策的制定及措施的出台，往往考虑的是 80% 的员工的意见及他们的利益，而不是市场的规律。在团队管理中，管理人员通常会忽视最突出及最落后的员工，这些员工占总人数的 20%，管理者通常会比较重视处于中间那 80% 的员工。其实，这 20% 的最突出及最落后的员工，需要管理者花费自己 80% 的精力去管理。

业务推动案中，有很多公司注重提高 80% 的员工的业绩，却忽视了那 20% 的有效率的员工。在企业管理中，这种"反二八法则"的现象也很多。一个企业，如果想持续发展，就应尽量避免"反二八法则"的现象。

利用二八法则安排时间

那些工作效率高的人，往往能够把时间集中在"关键性的少数工作"上。关键性的少数工作占 20%，其余的工作占 80%。

根据二八法则，在处理工作时要分清轻重缓急，将工作进行排序。

重要且十分紧急的工作，要立刻去做，比如处理突发事情等。重要却不紧急的工作，不应拖延太久，比如制订计划、培训等。紧急却并不重要的工作，应优先考虑其他更重要的事情，再来考虑这件事，比如请不太重要的客户吃饭等。既不紧急又不重要的工作，可以等到空闲时去做，比如打扫办公室的卫生。

总之，二八法则在日常生活和工作中的应用十分广泛。如果运用得当，就可以有效利用时间，做许多有价值的事情。

电梯中的智慧：30 秒电梯法则

电梯法则，就是"麦肯锡 30 秒电梯理论"，又被称为"30 秒电梯法则"。

即麦肯锡要求每一位咨询顾问具备在 30 秒的时间向一位重要的客户推广产品并取得成功的能力。也就是说，要善于使用富有吸引力的方式简明扼要地阐述自己的观点。

了解电梯法则

沟通是团队协作的重要推动力。在遇到紧急事件时，快速沟通是很重要的。从你进入电梯，到你从电梯走出来，时间大概为 30 秒，在这 30 秒内，能够快速描述清楚一件事很关键。

麦肯锡公司曾经为一家重要的客户做咨询。在咨询结束时，麦肯锡的项目负责人在电梯里偶然遇见了客户方的董事长。这位董事长问偶遇的这位麦肯锡项目负责人："你能否说一下目前的结果呢？"由于这位项目负责人没有提前做好准备，而且，就算有准备，也不能在电梯从 30 层运行到 1 层的 30 秒钟内把结果说清楚。最终，麦肯锡失去了这家客户。

从那以后，麦肯锡要求公司的员工掌握一项技能，即凡事都做到可以在最短的时间内表达清楚，讲述一件事情时要直奔主题。

麦肯锡公司认为，在一般情况下，人们只能记住"一二三"，记不住"四五六"，所以要求员工凡事都要归纳在三条以内。

这就是 30 秒电梯法则的由来。如今，30 秒电梯法则已经在商界广泛运用。该法则主要是告诉人们，制订任何方案都要简单有效。如果制订的方案无法使本公司的员工听懂，那么顾客一定很难听懂，自然不会产生购买行为。一个方案，如果策划人在 30 秒内说不清楚，则说明这个方案可能是有问题的，不具备可操作性。生活中充满机会，但机会转瞬即逝，如果能够把握好 30 秒电梯法则，就能快速抓住许多机会，这对于生活和工作都会起到积极的作用。

与客户沟通时，运用 30 秒电梯法则

与客户沟通时，要学会用 30 秒的时间打动自己的客户，让客户产生购买意愿。这不仅考验你的快速应变能力、把握机会的能力，还代表着公司的形象。

方案或观点很多的情况下，运用 30 秒电梯法则，开始时，要先调动客户的胃口，让客户对你的方案产生兴趣。需要注意的是，你要以对方的意志为准则。即使客户的想法有问题，你也不可以提出异议，要站在对方的立场去思考问题，采取合理的应对措施。在阐述问题时，要言简意赅，避免长篇大论，这样可以节省时间，还不会让对方产生厌恶的情绪。

运用 30 秒电梯法则的基本要求

如果想成功运用 30 秒电梯法则，首先要对该法则有一定的了解，其次要掌握运用该法则的一些基本要求。

下面介绍一下运用 30 秒电梯法则的基本要求：

1. 做好充分的准备

如果想要迅速说服客户，就要在与客户沟通前做好充足的准备。要了解一下客户的基本信息，例如：客户的年龄、性格、学历、职位，等等。要对客户的信息进行详细的分析，并针对谈话中可能出现的问题预先做准备。

2. 具备快速的分析能力

当对方提出问题后，你就应该马上调动大脑，进行全面、立体的分析。应立即理解对方的用意，尽量找到与对方合作的交叉点，并且结合交叉点给出相应的答复。

3. 归纳、提炼内容时应果断

把要答复对方的内容迅速进行归纳和提炼，总结出可以吸引对方的三个要点，然后果断地予以答复。这样，你可以掌握与对方交谈的主动权。

30 秒电梯法则的主要用法

运用 30 秒电梯法则，对问题进行简要叙述时，应对谈论的主题及对方关注的核心问题着重强调，且迅速、有效地向对方表达。在表达的过程中，不要被无关紧要的信息所干扰。

在当今时代，人们的工作节奏很快。每个人都要善于运用 30 秒电梯法则，用清晰、简洁且富有逻辑的内容表达自己的思想。

要想灵活地运用 30 秒电梯法则，就要掌握几种常用的方法。下面介绍一下运用 30 秒电梯法则的三种用法：

1. 高度总结法

即抓住重点，将内容进行高度浓缩。

2. 激发思考法

如果有些问题难以在极短的时间内被阐述清楚，可以抓住其中的几个亮点，激发对方产生兴趣，并且为下一次的交谈打好基础。

3. 语出惊人法

人们常说，良好的开端是成功的一半。所以，阐述一件事情时，开头要特别吸引人。这样，可以使对方想要继续听下去。

有趣的"电梯测试"

在 30 秒内把自己头脑中的疑问向他人描述清楚，需要站在更广阔的视角。抓住问题的核心，用简洁的语言把问题描述清楚。

30 秒的时间，看似很短暂，其实在 30 秒的时间内可以播放两则时长为 15 秒的商业广告。所以，只要抓住问题的核心，就可以在 30 秒内向别人传达一个信息。无论对方有多忙，都不可能连 30 秒的时间都没有。

如果能在 30 秒内向别人传达关键的信息，这对双方都有利。具体的问题，一定要简明扼要，例如：关于公司新商品的提案，我们想就 10% 的价格调整展开讨论。

简洁的语言，往往更有力量。这种在短时间内描述问题的方法，也可以用在会议中。所有与会人员，可以根据议题或主题，事先将包含问题点、解决方案和实施办法在内的疑问写在便笺纸上，然后大家以此为核心，展开讨论。

在面试时，运用 30 秒电梯法则

在日常生活和工作中，随时随地都可以运用 30 秒电梯法则来处理一些事情。应聘者在面试的过程中，也可以运用电梯法则。

面试时，运用 30 秒电梯法则，需要注意以下几点：

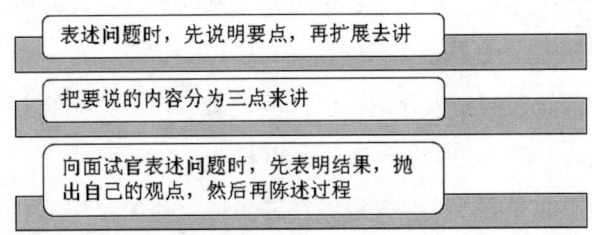

表述问题时，先说明要点，再扩展去讲

把要说的内容分为三点来讲

向面试官表述问题时，先表明结果，抛
出自己的观点，然后再陈述过程

写作时，30 秒电梯法则的启迪作用

对于任何职业来说，在写作时，尤其是向上级领导汇报重要材料或帮上级领导拟定讲话稿时，电梯法则均能起到启迪作用。

在写作方面，电梯法则的启迪作用如下：

1. 语出惊人

写作时，文章的开头要充满吸引力。正所谓，良好的开端是成功的一半。开头写得有韵味，读者才能继续看下去。

2. 短小精悍

写作要直奔主题，抓住根本，化繁为简。写内容时，不要跑题，不要写得天花乱坠。

3. 提炼观点

写文章时，要学会提炼观点，懂得归纳。观点响亮，归纳紧凑。提炼的观点，最好不要超过三条。

用 30 秒的时间介绍自己

利用坐电梯的短短时间，如果可以向别人做一个简单的自我介绍，会给他人留下一个好印象。有很多销售人员，都是在电梯里与客户结识。充分利用坐电梯的时间，向客户介绍自己，可以为日后向客户推销产品奠定基础。

举两个自我介绍的例子：

1.你好，我叫李然，我是一名保险业务员。

2.你好，我叫李然，我是一名保险咨询顾问，这是我的名片（边说边递名片），有需要可以电话联系。

这两句话都是在向别人介绍自己，但是第二句话更能给人留下深刻的印象。而且，说第二句话用时也不会超过30秒。

如今，对于很多职业人士来说，在许多场合都需要和陌生人认识。相识以后，才能够逐渐了解，然后进行业务合作。一般来说，陌生人不会过于在意你是做什么工作的，更在意的是你能为他提供什么帮助。

总而言之，无论你从事何种工作，都可以运用30秒电梯法则，这可以在有限的时间内帮助你解决一些问题。

一旦锁定目标，一次只做一件事

人的时间和精力都是有限的，因此，一旦确定了一个目标，就要全神贯注地学习和钻研，一次只做一件事，只有这样，才能在自己的工作领域发挥得更出色。

在同一个时间，你不可能一次做很多事，也不要尝试这样做。在工作中，最重要的是做好自己的本职工作，别试图去做整个团队的工作，因为你可能应付不过来。在公司里，你不可能事必躬亲，因为商业问题很复杂。如果你试着去做了公司里的每一件事，就会让周围的人对你产生不切实际的期望，如果你不能满足他们的期望，你将难以重新获得信任。

了解"一次只做一件事"的原则

在生活和工作中，你是否有强烈的拖延症呢？正在做一件事情的时候，你是否会注意力不集中呢？在一项工作还没有完成时，你是否又进入下一项工作了？如果你有这些问题，说明你做事不聚焦，很有可能最终什么事情都做不好。

麦肯锡倡导一次只做一件事，即在一段时间内只能有一个思考重点，别把心思分散在过多的事情上，否则会降低工作效率。如果大脑里面储存了过多的信息难以应付，就会阻碍正常思考，这就像电脑内存中存了太多处理命令一样，会导致电脑运行缓慢或死机。

美国纽约中央火车站的问询处人来人往，大量旅客争先恐后地向服务人员询问问题，希望能够立刻得到回复。然而，问询处的服务人员镇定自若，因为，他们只需一次处理一位旅客的提问。处理完一位旅客的问题之后，才换下一位。

工作的过程中，很多人把自己弄得疲惫不堪，工作效率变得很低。在很大程度上，这是因为他们没有掌握好"一次只做一件事"的原则。如果总是让自己多做工作且保持很高的效率，结果往往会适得其反。

为何一次只需做好一件事情

在互联网时代，有些人做事讲究快速，往往就忽略了专注。麦肯锡提出一次只做一件事情的原则，这里面有很大的智慧。

那么，为什么一次只做一件事呢？主要有以下几个原因：

1. 一个人的精力有限

一个团队一起开展一个项目，你不可能自己把所有的事情都做了。因为你的精力是有限的，你不可能在有限的时间内把所有的事情都做好。

2. 团队的需要

一般来说，在公司里面，一个复杂的项目是需要整个团队合作完成的。如果你一个人把所有的事情都做完了，这并不能证明你是个超人，你的行为反而会阻碍团队的发展。

3. 大脑思考讲究秩序

在一个时间段内只做一项重点工作。做工作时，大脑需要思考，而思考也要讲究秩序。如果分心了，容易干扰大脑正常的思维，导致精神涣散，大脑的运行也会慢下来。

做到知行合一

一次只做一件事，主要包含两个层面，即意识和执行。这里所说的意识，是先判定是否需要聚焦，只做一件事。以企业营销为例，判断是否需要聚集优势资源打造一个样板市场，这就是运用在意识上坚定专注、聚焦的理念。这里所说的执行，是指把一件事情做到底。在一件事情还没做完时，或者还没达到预定的标准时，尽量不要开始另一项工作。了解了一次只做一件事的道理以后，要做到知行合一，让自己对待一件事情时更加专注。

下面介绍几个让你更加专注的妙招。

1. 切断干扰源

你因为什么事而分心？找出使你分散精力的事，然后切断它。一次只聚焦一项工作，创造一个专注的氛围。你工作时喜欢玩手机，那么以后工作时就要把手机放远一点。没有手机的干扰，你会专心地投入到工作中。

2. 强迫自己持续性专注

强迫自己持续性专注，可以防止走神。若工作过程中遇到无关紧要的事情，可以到最后再处理。在推进一项任务时，如果想到了好的创意，可以先用笔记录下来，等完成大任务后再回过头思考。时间久了，专注就会成为你的一种习惯。

3. 做重要的事情

有很多事情等着你去做，所以首要的是区分轻重缓急，先去做重要的事情。如何选重要的事情做呢？

第一，每人每天只有 2 小时的心理能量时间。研究表明，无论一个人每天工作多少小时，只有 2 小时工作效率最高。如果你每天工作 12 小时，有 2 小时最出活，其余的 10 小时就要做必须要做的事情。

第二，每个人每天有效的工作时间大概是 5.3 小时。平时所说的 8 小时工作是表面上的时间，实际大概是 5.3 小时。在工作中，被干扰了，换作其他事情，大脑的思考就会切换一次，再回到原来的任务。以每天工作 8 小时为标准，一般来说，相对简单的事，时间成本小于等于 25%，而复杂的任务成本则高达 100% 或以上。所以，一个人一天的工作时间大概只有 5.3 小时，可能有 1/3 时间是在任务切换中浪费掉的，每天浪费 2.7 小时，一个月就是 60 小时，一年就是 720 小时，而 720 小时就是 90 个工作日。

第三，一次只做一件事，并且是精通的事。一次只做一件事，要选择自己精通的事情来做。对于精通的事情，做到一定程度，你就可以造就权威。做自己精通的事情，不妨按照心理学家埃里克松提出的"一万小时定律"来做，即使做不到，也可以朝着这个方向去努力。

第四，有得就有失。如果你想在一段时间内专注地做一件事情，那么可能会无法平衡工作与生活。在工作很重要的情况下，生活也许会不得不让位于工作。因为，只有你把工作做好了，才能更安心地生活。

如何做到一次只做一件事

首先要认准目标，然后集中精力，朝着这个目标努力，直到成功为止。

对于企业来说，对人力资源进行分配时，要避免把过多的工作分配给勤奋的员工。如果工作量过大的话，员工的工作质量会下降。要知道，即使一个人再勤奋，他能够承受的工作量也是有限的。对于员工来说，如果想要高效地工作，并且把工作完成得很好，就要做到"一次只做一件事"。

那么，如何才能做到一次只做一件事呢？请看一看下面的内容。

1. 提高穿透力

一次只做一件事，要提高穿透力，要让自己掌握主动权。而要提高穿透力，就要从以下两方面入手：

第一，提高自己的业务技术能力。

第二，保持耐心。

如果你能力很强的话，就会拥有强悍的洞察力，就很容易把复杂的事情简单化，从而快速解决问题。

无论是提升自己的核心竞争力，还是把方案落地，都需要你保持耐心。做一件事情时，要坚持到目标实现为止。

2.摒弃无效的计划和过时的资源

已经做过的事情，如果被证明对成功无益，那么就要立刻将其抛到脑后，别让过去的错误成为你的包袱。即使过去获得了荣誉，也要摆脱过去，要专注于当下。

以下几点建议值得学习：

（1）学会摆脱事务。

（2）学会摆脱人。

（3）学会摆脱过去。

总之，在日常的生活和工作中，一次只需做好一件事。这样，就可以把专注力集中在重要的事情上，提升每做一件事情的成功概率。如果想要做到"一次只做一件事"，就要做到知行合一，集中精力，专注地做完一件事。

三段式推理法则：演绎推理中的推理判断

推理，是指由一个或几个已知的判断为前提，推导出一个未知的结论。而演绎则是指从一些假设的命题出发，运用逻辑的规则，导出另一命题。在发现问题及分析问题时，推理和演绎能帮助人们透过现象看到本质，从而摸索出解决的线索。

在推理及演绎的法则中，三段式推理法则是最基础的。三段式推理法则，顾名思义，就是将一件事情分为三个不同的层次，然后分层次推理，最终得出结论。

例如：铁为什么能够导电？运用三段式推理法则进行推理：所有金属都能够导电，铁是金属，所以铁能够导电。

在上面的例子，是从两个拥有共同项的命题中，推导出一个新的命题结论。前两段中都有"金属"这个命题，推导出的命题结论就是"铁能够导电"。这就是三段式推理法则，前两段要存在共同项，这样才能够得出有关这个共同项的新结论。

有一家日化企业，其内部的高层领导试图将公司的产品销往非洲中部。然而，开内部会议时，许多人针对这个决策提出异议。他们举出许多理由来反驳董事会的决议。例如：非洲人生活状况落后，非洲人收入低等。

面对各种质疑，高层领导只用一个三段式推理就把问题解决了。推理是这样的：是不是所有人都需要健康的生活方式？是！那么非洲中部的人是不是人？是！结论就是，非洲中部的人也需要有人为他们提供健康的生活方式。只是，需要仔细考量该如何提供。

后来，在董事会的坚持下，该公司拿出一部分资金和人力，将其投入到开发非洲中部的市场上。公司采取了一些策略，譬如，与当地政府进行实物交换，推广低廉而有效的日化产品等，并且获得了成功。

由此可见，对于企业而言，要解决一些商业问题，运用三段式推理法则十分有效。

解决问题时，应学会运用三段式推理法则，从已知的情况演绎出未知的结果。也许，在许多人看来，三段式推理就是最具常识性的一种判断方式。然而，事实上，它是所有推理的基础。因为在三段式推理中，如果有一段推理不成立，那么就无法进行接下来的推理。如果第一段与第二段成立了，那么第三段的内容就是真实存在的。

虽然，三段式推理没有复杂的理论依据、推理过程。但是，在实际的应用中，却可以起到很大的作用。有时候，一件事情看似没有任何头绪，其中却隐藏着必不可少的三段式推理法则，只要找到了最基础的两段内容，就可以得出第三段的结论。

生活中，有许多事情看似杂乱无章，使人完全不知该从什么地方入手。越是在思维混乱的情况下，越容易忽略最基本的常识性信息。因此，在这种情况下，可以静下心来做简单的三段式推理。

通过推理，也许你会发现，曾经看似很复杂的问题，现在变得简单明了。曾经完全没有头绪的事情，现在变得很清晰。其实，许多时候，并非我们遇到了难以解决的事情，而是我们自己把事情想得太复杂了。

其实，大部分事情的利弊分析、好坏判定都可以用到三段式推理。由于推理所依据的前提类型不同，所以相应的三段式推理也有不同的类型。一般来说，符合逻辑的三段式推理包括：直言三段式推理、选言三段式推理和假言三段式推理。通过这三种类型，可以看出，三段式推理除了能进行必然性的推理，还可以进行偶然性推理的构建。

偶然性三段式推理，是指从前提推出的结论具有偶然性，也属于思维演绎的一种推理方式。虽然，偶然性三段式推理的结论是偶然的，但根据实际情况不同，得出的偶然性结论也具有一定的价值。

熟悉三段式推理法则，无论遇到什么棘手的问题，都可以先运用三段式推理法则来入手，找出逻辑线索，以此进行深入的分析。

第四章

拓展企业的客户

　　对于麦肯锡公司而言，客户是维持其运营的生命之水。如果没有客户，那么就没有麦肯锡。因此，麦肯锡始终把客户放在第一位。

　　麦肯锡的客户开发与其他许多公司不同，因为麦肯锡从来不做推销。虽然麦肯锡不做推销，但是却有着不断增长的业务量。了解麦肯锡是如何拓展客户的，这会让你受益匪浅。

了解客户需求，把握住客户的心

客户需求是指客户的目标、愿望。客户的需求是善变的，只有及时、充分了解客户的需求，才能把握住客户的心。

每个层次的客户都有可识别的人口统计特点。企业能总结出某个层次的消费者不同于其他层次消费者的人口统计特点，从而确切地识别客户，了解这类客户的需求特点、行为模式及偏好。

不同层次的客户，需要不同档次的服务，愿意为不同的服务水平以及产品质量支付不同的价格。不同层次的客户，对于一个相同的服务有不同的反应，这对企业的利润率有不同的影响。不同的驱动因素，引起不同层次的客户产生购买行为，并影响他们的购买量。

只有知晓客户的需求，才能想办法令客户满意。由此可见，企业应该努力研究客户的消费行为，与客户建立长期关系。

倾听客户的心声，满足客户需求

想要满足客户的需求，需要进行有效的问询和倾听。对客户提出的问题应该是开放式的，主要分为两大类。

1. 发现事实

与客户交流的过程中，要耐心倾听客户说的话，并给予礼貌的回应。只有让客户充分放松，你才能收集到更有价值的信息。

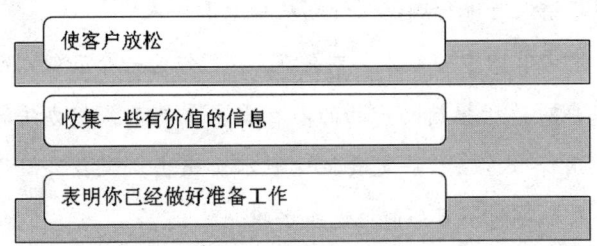

2. 征求意见

征求客户的意见和观察顾客的态度。一般情况下，最开始问的两三个问题都是容易回答的，不会引起客户的紧张。与客户交谈的过程中，开场寒暄及会面结束时很容易引起客户的紧张。客户紧张的程度，对于访问的成功与否起着很大的作用。

一般来说，与客户沟通时，问完几个容易回答的问题（姓名、职业等）以后，就可以开始了解客户的一些看法和感觉了。提问的内容，应该包括未来的购买计划及未来的需求量等。

针对客户目前正在使用的产品，还可以进一步询问客户使用产品后的感觉，询问客户究竟喜欢产品的哪些方面。客户的回答，有助于企业了解客户的需求，然后企业就可以向客户推荐一些新的产品。

总之，要想了解客户的真实需求，在与客户交流的过程中，就要仔细观察、认真提问、耐心倾听。

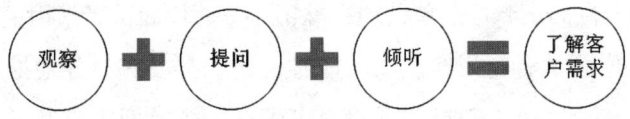

挖掘市场，开发客户需求

只有挖掘并满足了市场或客户的需求，才能成功地推销成功，从而获得收益，并做出长远的产品推广计划。

有这样一则营销故事流传很广。有一家公司，采用角色扮演的方式，对来复试的三个营销人员进行测试，计划从中录取一人。

复试时，主考官拿来一瓶水，对他们说："作为一个营销人员，要以敏锐的目光发现客户对你所推销的产品的潜在需求，然后，想办法满足客户的需求。无论你采用什么方法，一定要把这瓶水卖出去。现在，假设我是一位客户，你们每个人都要想一下如何把这瓶水推销给我。"

第一位面试者拿着那瓶水向主考官走了过去，对他说："您好，先生，通过刚刚与您的交谈，我学到了很多知识。您的口才很好，让我佩服。您刚刚讲了很多话，一定口渴了，要不要买瓶水喝？"对于这位面试者的推销方式，主考官失望地摇了摇头。

第二位面试者拿着那瓶水点头哈腰地向主考官走过去，低三下四地哀求他："先生，我家里面，上有老，下有小，他们等着我去养，可是我现在还没有找到一份很正式的工作，您很仁慈，能不能可怜可怜我，把这瓶水买了。"对于这位面试者的推销方式，主考官依然摇了摇头。

第三位面试者拿着那瓶水大步走向主考官，从口袋里拿出一个打火机，一把扯住主考官的领带，把领带点着了，问主考官："先生，您需要这瓶水吗？""你这个混蛋，想要干什么呀？我当然要了。"主考官一把抢过那瓶水，拧开，把领带上的火苗浇灭。

最终的结果是，第三位面试者被录用了。

这虽然是一个杜撰的故事，但是却点明了营销的要义。在这场推销中，第一位、第二位面试者都是单纯地去推销。第一位面试者采用了奉承客户的方法，第二位面试者利用客户的同情心，他们都没有充分地挖掘出客户的需求。而第三位面试者则抓住了"水火相克"的道理，激发了客户的购买欲望，让客户不得不买了那瓶水。也可以说，第三位面试者给客户创造了一种需求。

营销的过程，其实就是发现客户需求并且满足客户需求的过程。对于营销人员来说，要先挖掘市场需求，然后才能根据市场及客户的实际情况推广产品或服务。满足了客户的需求，就实现了产品或服务的价值。

如何挖掘潜在需求

所谓潜在需求，就是有市场但还没有被挖掘或激发出来。那么，如何挖掘潜在需求呢？作为营销人员，可以从以下三方面来入手：

1. 调研市场，细分定位

现实生活中，当许多营销人员抱怨市场已经饱和时，总有一些新的品牌、产品出现，市场销量就会有新的突破。所以，市场就像海绵里的水，只要愿意挤，就还是有的。作为营销人员，要善于找到市场产品的细分点，从而挖掘客户的潜在需求。

2. 通过榜样来带动

营销人员可以通过构建样板市场，或树立新产品推广榜样，调动那些推广不好的客户一起销售新产品，从而调动客户的潜在需求。通过参观样板市场，可以观摩借鉴学习，还可以帮助客户提升自信心，促使他们快速行动。

3. 顾问式销售

顾问式销售，即能站在客户的角度，结合市场、厂家、客户及下游分销渠道，为客户提供市场需求解决方案。要让客户知道通过引进新产品来满足顾客需求的原因，同时，教给客户及其员工做市场的步骤、技巧，来消除客户的后顾之忧。

总的来说，若产品适销对路，就能满足客户及市场的需求。如果销售人员想要立足于市场，就要测算市场需求量，满足客户的需求。作为销售人员，如果能够掌控市场，那么就能成为一名资源整合者。

顾客至上，打造非凡的客户体验

客户体验，是指客户在使用产品的过程中建立起来的一种感受。良好的客户体验，有助于公司不断地完善产品和服务。对于任何行业来说，企业的客户体验都并非单点覆盖的，都是由多个方面组成的，包括产品、服务、品牌形象及用户付出的金钱成本等。

客户体验贯穿于售前、售中、售后，对于企业的业绩有着重要的影响，值得企业重视起来。

客户体验的特征

由于客户体验对企业的发展有直接的影响，因此，不断地完善客户体验是许多企业追求的目标之一。要想不断地完善客户体验，就要了解一下客户体验目前呈现出的三个特征。

目前，客户体验主要呈现出以下三个特征：

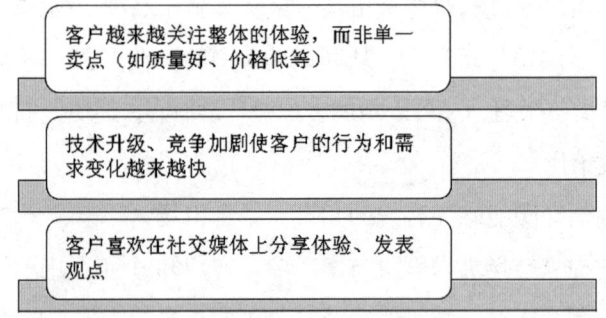

客户越来越关注整体的体验，而非单一卖点（如质量好、价格低等）

技术升级、竞争加剧使客户的行为和需求变化越来越快

客户喜欢在社交媒体上分享体验、发表观点

掌握麦肯锡六步法

英国生物学家查尔斯·达尔文曾提出："能够生存下来的物种不是最强的，也不是最聪明的，而是最适应变化的。"因此，企业要想打造非凡的客户体验，就要想办法完成客户体验转型。针对客户体验的新特征，麦肯锡采用六步法来实现客户体验转型，具体步骤如下：

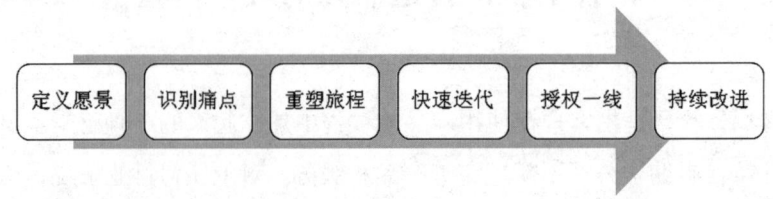

定义愿景　识别痛点　重塑旅程　快速迭代　授权一线　持续改进

1. 定义客户体验愿景

很多企业只关注某个特定问题的切入点（例如：客户购买产品时的交易环节），往往忽略了重要的"端到端"的客户体验。

网络公司常常要解决客户的技术问题，同时还要升级客户的产品，协助客户把家里的网络迁到新公寓。这就需要网络公司采取"端到端"的服务模式，考虑客户的需求，而不是只解决某一个问题。若能为客户提供一条龙的服务，那么就更容易满足客户的预期期望，提高客户的满意度及忠诚度。除此之外，还能有效地提高销售量，有效地降低终端到终端的服务成本。另外，还可以提升企业内部员工的满意度。

通过网络公司解决问题的事例，可以得知：对于企业来说，重视"端到端"的客户体验十分重要。

企业能通过许多方式开展定义客户体验愿景的工作。例如：领导层定期召开客户体验愿景研讨会，收集关于客户体验的反馈。通过客户体验调研，倾听客户心声，掌握客户需求。如果企业能够更全面、更积极、更准确地掌握客户期望，那么就能更好地定义符合客户需求和公司战略的客户体验愿景。

2. 识别关键的客户体验

客户对于整体消费体验的标准很高，例如：质量好、开发团队专业、价格低等。一般来说，企业难以满足客户的全部需求，但却可以聚焦几个关键的问题，例如：如果达到了客户的期望，能否产生最大的经济效应；客户最关注的是什么；提升客户满意度的因素包括什么；如何比竞争对手做得更好。

企业能够利用各类研讨会和先进的分析工具识别关键点。

在绘制客户体验之旅的全过程中，要考虑到客户类型、活动、沟通渠道。典型的参与者包括领导者团队、客户体验项目团队。在绘制的过程中，有许多可以利用的分析数据，包括客户满意度调查、财务数据及企业的运营数据等。

通过大数据库可以得出客户满意度和盈利之间的关系。另外，从查询、订购、支付、跟踪，一直到收货，投诉和索赔，每个环节都要细致展开。这样，企业才能准确地识别客户的痛点，并且分析出提升客户满意度的关键因素。

对客户满意度及业绩的影响程度，需要排序，一般来说，自上而下的判断评估和自下而上的数据分析可以同时进行。

首先，采用自上而下的判断评估，需要管理层召开工作会议，研究已有的客户体验旅程，准确地找出客户的"痛点"及具体的服务缺陷。

其次，自下而上的数据分析也必不可少。在当今这个时代，随着分析技术的改进，企业可以运用更科学的方法评估客户体验。企业可以通过各种社交媒体，包括博客、微信等来了解客户体验。通过具体的图片、视频，可以获取与客户有关的宝贵信息。另外，企业可以通过分析工具来了解客户体验数据。企业可以利用大数据库及分析工具来满足客户需求，并带来一定的经济效应。明确了重要的客户体验因素以后，就可以开始设计新的客户体验旅程。

3. 使用创新方法塑造新的体验

若想获得企业上下对转型的认可，可以先做一些涉及小范围资源调动且能在短期内取得成效的转型项目。在客户体验转型中，能从客户服务环节入手。

企业可以通过开展内部合作、改善运营状况来提升客户体验满意度。这样做，投资少，适合转型初期的项目。

4. 快速迭代实现优化

对于客户不断变化的需求，企业应及时将其体现到新方案中，并且衡量新方案的效果。麦肯锡设计了两种快速、灵活的迭代程序，能够帮助企业实时响应新客户需求，快速优化客户体验。

（1）小循环迭代

这个程序基于一线员工和客户的需求，提出了创新举措，主要目的是快速响应客户需求。

首先，企业主动接收来自客户及一线员工的反馈。

其次，企业会根据这些反馈提出满足客户需求的多个创新举措，并且确保切实执行。

最后，在举措实施的过程中，企业要跟踪实施过程的关键业绩指标，从而确保执行顺利。取得结果时，企业要跟踪结果的关键业绩指标，从而了解设计方案的有效性。根据设定周期，过一段时间后，企业会再次接收来自客户及一线员工的反馈，形成循环迭代。

（2）大循环迭代

大循环迭代，即通过分析不断变化的客户需求，设计新方案。

首先，企业主动接收来自客户及一线员工的反馈。

其次，企业根据这些反馈设计一套新的方案以满足客户需求。再次，企业推动新方案的实施，要求客户体验小组在新方案实施过程中主动与一线员工进行沟通，确保前线具有优秀的执行力，并且在方案实施的过程中测试其有效性。然后，企业要根据方案确定一套创新举措，并且切实执行。

最后，在举措实施的过程中，企业要及时跟踪优化后的实施过程的关键业绩指标，从而确保整个执行过程没有问题。新举措取得结果时，企业要跟踪该结果的关键业绩指标，从而了解设计方案的有效性。根据设定周期，过一段时间后，企业会再次接收来自客户及一线员工的反馈，形成循环迭代。

5. 充分授权一线员工，设立共同的目标

一线员工直接传递企业的形象与服务理念，且与客户的接触十分密切。所以，改善一线员工的服务质量有利于提升客户体验。

如何激励一线员工提高服务质量呢？企业可以授权给一线员工，以企业愿景来指引整个团队。另外，企业要设定质量标准，以此作为框架与原则，用来定义行为准则，从而使员工的行为保持一致。

企业还要认可一线员工为共同愿景做出的努力。企业要基于共同愿景与质量标准，以明确行为指导原则。例如：可以组织领导团队与一线员工召开研讨会，探讨需要被认可以及奖励的行为类型。为不同类型的行为设置不同的奖励，设计一套可以发现、评价和奖励员工的机制。通过对员工的认可和激励，为一线员工创造积极正面的工作环境，可以激励员工自发提升服务质量。

6. 建立持续改进的机制系统

企业要不断提升客户体验，可以建立持续改进的相关机制。企业可以设立直接向 CEO 汇报客户体验情况的办公室，该办公室可以下设三个团队，分别为：新客户体验团队、呼叫中心团队及日常管理与分析团队。以带领转型，并且确保可持续发展。

在转型阶段，新客户体验团队、呼叫中心团队向 CEO 直接汇报和交流，企业可以发现特定客户旅程的潜在改善机会，发起优化客户旅程的新项目，从而持续改善客户体验。

日常管理与分析团队要向 CEO 直接汇报实时客户的满意度结果，并且及时发现新问题，监控客户体验项目的执行情况，促使组织内部进行合作与项目推进。

各个团队的直接汇报，可以确保企业的管理集中，并使各个团队树立为客户体验结果负责的意识，保障企业内部的合作协调及资源合理分配。

麦肯锡曾为一家物流公司服务，这家公司曾因高水平的客户服务而快速发展，达到了年收入约 20 亿美元的规模。然而，近年来，由于许多原因，这家公司的业务发展不太理想，客户满意度下滑，投诉率一度居高不下，业绩被竞争对手赶超。

为了帮助这家公司重塑客户体验竞争优势，麦肯锡通过研读客户报告、小组讨论及内部数据讨论的方式，确立了两段关键的客户旅程。麦肯锡召开了一系列的客户体验重塑研讨会，提出了很多举措，包括为新客户设计专属标签、提前告知客户可能出现的运输延误、建立专业化的 E2E 客户投诉服务团队等九项举措。麦肯锡开发了一套涉及八个试验区域、历时三个月的试验项目，主要用于测试并优化这些创新举措，最终得到一整套客户体验优化方案。

在该试验项目结束时，该公司的新客户投诉率从之前的 140.3 例 /1 万份订单下降了 53%，重复投诉率从原先的 47.7% 下降到 35.6%。另外，通过麦肯锡六步法优化客户体验，还帮助客户实现了预计每年 2.5 亿元人民币的收入提升。

总而言之，如果企业想不断创新，创造出更多的业绩，就要明白"顾客至上"的道理，不断打造非凡的客户体验。让客户满意，是企业服务的宗旨。

合作共赢，和客户站在一条战线上

在麦肯锡，如果想成为成功的管理咨询顾问或企业诊断专家，可以让客户参与到工作中，大家一起解决问题。客户愿意参与进来，这意味着客户肯支持麦肯锡的工作，愿意为麦肯锡提供有价值的资源，并且关心麦肯锡所取得的成果。

将麦肯锡的目标变成客户团队的目标

如果想让客户团队和麦肯锡团队站在一条战线上，大家成为一个整体，那么就要将麦肯锡团队的目标变成客户团队的目标。这样一来，客户团队会很清楚，如果他们的目标没有实现，那么麦肯锡的使命就结束了。

由此可见，麦肯锡团队与客户团队可以一起工作，大家共同探讨解决问题的方案。一起研究、探讨时，麦肯锡团队应充分地调动客户的积极性和创造性，避免产生消极的作用。如果能够引导客户参与并且支持麦肯锡的工作，那么就可以确保未来的解决方案能够贯彻实施。

让客户参与到工作中，大家一起推进项目

想要客户参与到你的工作中，你首先要了解他们的计划和目标。当你所做的工作对他们来说有意义时，他们才会支持你。客户的目标随时会发生变化，频繁地和客户接触，定期更新信息，这有助于项目的推进。如果要与客

户见面，应提前预约时间，按照项目进程，安排好与客户的定期会议。如果中途有变动，可以调整会议时间。

项目推进的前期，如果取得了一定成果，这会使大家在工作时更加热情，并且更加自信。对于麦肯锡的咨询顾问来说，如果自己的解决方案里有了客户的参与，那么就会有很多长期收益。

然而，作为麦肯锡的外部咨询顾问，即使工作做得非常好，也不一定会受到好评。因为，如果你的解决方案有效的话，客户会认为那是他们自己的功劳。

苏珊娜·托思尼曾是一名顾问，她曾接了一个项目，设计了一种客户用来评估不动产购置的巨大现金流模型。她在这个项目上花了几个月的时间，付出了很多努力。在这项工作中，客户团队的成员也做出了贡献。然而，实际上，这是她的模型。等到该模型推出时，在一次培训项目上，客户团队的成员站起来讲了这个"他们开发的模型"。她坐在后面，心想："这是我的模型！"然而，后来她意识到，让客户方认为这是他们自己的模型更好。其实，这也并不是一件坏事。

上面的事例中，苏珊娜·托思尼的经历十分常见。尽管她为一个项目付出了许多努力，但是客户团队也做出了贡献。麦肯锡的企业文化，强调的不是"为客户工作"，而是"与客户合作"。与客户团队合作时，要让客户团队的成员了解到，他们的工作对你们双方都是有益的。和客户团队合作时，首先要让客户站到你这边，确保他们愿意帮助你。

麦肯锡的工作人员，会让客户团队参与到麦肯锡的工作中，把麦肯锡的目标变成客户的目标。这些工作人员让客户明白，如果他们的任务失败了，那么麦肯锡的任务就失败了。相反，如果麦肯锡的任务失败了，那么他们的目标就不能达成了。

麦肯锡懂得与客户的相处之道，让客户团队的成员意识到，和麦肯锡工作是一次很棒的经历。而且通过与麦肯锡的成员一起工作，他们可以学到很多在其他公司学不到的知识，这对于他们的职业生涯是有帮助的。

有一位麦肯锡的工作人员，曾经为华尔街一家经纪行做重组项目，麦肯锡的项目组与客户的一支由 IT 部门员工组成的团队合作。客户团队有一位名叫莫蒂的成员，他是一名主机电脑程序员，看上去有些与众不同。他穿着皮鞋，身高不足一米七，戴着一副眼镜，穿着不太合体的西装。他和自己的父母居住在布鲁克林。他并不想参加合作团队，因为还有很多工作要去做。

麦肯锡的工作人员带着莫蒂做了几次访谈。莫蒂接触到了公司里的资深人物，包括银行家、经纪人及交易员，这些人是业务部门第一线人士。通过向这些人询问一些问题，莫蒂了解了每个人所在部门应该承担的工作。另外，莫蒂还学会了运用自己的技能去解决问题。随着研究的逐步深入，在开会时，莫蒂变得自信、健谈了。与麦肯锡的工作人员一起工作，莫蒂开阔了自己的眼界，收获了喜悦。

与客户团队一起工作，团队活动可以增加价值。客户团队与麦肯锡项目组之间没有相同的经历，所以只要与客户团队开展相应的社交活动，就可以使工作更加顺利地推进。

通过上面的事例，可以得知：客户团队与麦肯锡项目组可以相互合作，展开相应的社交活动，这样能使工作的推进更加顺利一些。

当今这个时代，是一个合作共赢、资源共享、优势互补的时代。一个人，能够与其他人一起合作，就能成就很大的事业。一个公司，能够与其他公司一起合作，就能成就更大的平台。无论是人与人之间的合作，还是公司与公司之间的合作，需要大家有着一定的格局、胸怀，双方都要肯付出。要把自己这一方的优势发挥出来，创造出价值。

通过合作，可以放大自己的价值。那些善于与别人合作的人，会越来越成功。凡是主动与其他公司合作的公司，发展的速度都很快，往往能取得许多可观的成就。

积极开展社交活动

与客户团队合作，双方应积极开展一些社交活动。这样，可以使每个团队成员意识到，除了认真工作之外，大家还有开心生活的一面。开展活动时，大家可以放下压抑的情绪，大家可以一起到球场打羽毛球，或是去听一场音乐会。

总之，不要使两个团队之间的合作变成一种"工作、吃饭、休息"的循环。

实现共赢

麦肯锡每接到一个新项目，都会选几名咨询顾问出来，组建一个团队，专门攻克这个新项目。麦肯锡不会让一名咨询顾问单独应付一个项目，尤其是棘手的项目。组建项目团队以后，大家会齐心协力，一起完成该项目，团队成员相互合作，实现共赢。

对于任何企业而言，无论是企业内部成员之间的合作，还是企业与其他企业之间的合作，都是为了实现共赢。

对于在职场上打拼的职业人士而言，要想实现合作共赢，就要做到以下几点：

1. 富有团队合作意识

想实现合作共赢，就要先做到合作。因此，团队合作意识十分重要。一个人，往往难以独立且高效地完成一项工作。在与人合作的过程中，团队合作意识要一直贯穿始终，这样才可以实现合作共赢。

2. 培养良好的心态

有些人不善于与人合作，喜欢单打独斗。这就需要培养良好的心态，让自己融入合作中去，与合作伙伴互动。

3. 诚实守信

人无信不立，业无信必衰，国无信则危。诚实是每个人都需要具备的一种品质。在团队合作中，每个人都要诚实守信。

4. 敢于承担责任

对于工作中出现的问题，要敢于承担责任。敢于面对，不逃避，这是每个员工应该做到的。只有这样，团队才能在合作的过程中抵御所面临的风险，从而取得成功。

5. 接受批评与自我批评

与人合作的过程中，当被别人批评时，要主动接受批评。团队成员之间可以相互批评，一旦发现队友的失误时，一定要提出来。另外，每个成员都要学会自我批评，在工作的过程中，发现自身的不足，要及时自我批评并改进。只有做到这些，整个团队才会长久。

6. 做好本职工作

团队合作中，每个人都要尽心尽力地做好自己的本职工作，即使你只是团队的一颗"螺丝钉"，也是举足轻重的。每个人把自己手头的工作做好，整个团队就能发挥出巨大的力量。

7. 取长补短

整个合作过程中，成员需要各自发挥自己的优势，取长补短。对于每个成员来说，自己在某一方面有优势，就要充分发挥出来。如果看到其他人有优势，要学会取长补短。学习别人的优点，弥补自身的不足，这样可以带动整个团队的进步。

8. 各司其职且相互监督

团队合作的过程中，大家要各司其职且相互监督。通过监督，成员可以相互指出错误，督促对方改正。金无足赤，人无完人。每个人在工作中都无法做到十全十美，所以每个成员做好本职工作的同时，也要与其他成员相互监督。

总而言之，社会发展的速度很快，对于职场人士而言，要想在职场中立足，就要不断学习，不断拓展自己的技能，只有这样才能适应社会发展趋势。要不断地充实自己，完善自己的技能，这样才能与他人合作，充分发挥自己的价值。

与客户交朋友，不把对方当外人

麦肯锡的主要工作就是为客户解决问题。当客户遇到了商业问题时，会找到麦肯锡，让麦肯锡寻找解决问题的办法。一般情况下，麦肯锡接到项目以后，会让客户参与到项目中。作为麦肯锡的项目经理、咨询顾问，要学会与客户打交道，理解客户团队中每位成员的想法，大家一起分析问题，找出解决问题的办法。

理解客户的意图

如果客户不能够支持麦肯锡的工作，那么项目的计划会受到阻碍，甚至难以开展下去。让客户参与到项目的具体工作中，有利于保证项目顺利推进。

与客户方打交道，首先要理解客户的意图。因为，只有让客户认为，麦肯锡的工作有助于他们自身的利益，他们才会安心地支持麦肯锡的工作。

需要明确的是，客户的意图随时会发生变化。所以，要经常与客户联系，使客户将麦肯锡的计划放在心上。另外，要及时了解客户对项目进展的各种想法，安排会议时可以按照客户预定的时间表进行。

如果项目取得了"早期胜利"，可以利用这些成果使客户对计划产生更浓厚的兴趣，充分调动客户的积极性，加强他们的合作意识。

应付客户团队中消极的人

麦肯锡公司会与各种各样的客户团队打交道。在打交道的过程中，麦肯锡有时会发现客户团队中的有些成员很特殊，这样的成员与整个团队不合拍。就算给他们做思想工作，也难以改变他们的脾气，而他们往往会在团队中起到负面作用。对于与团队不合拍的人，如果其确实不适合在团队中工作，可以在工作时远离他们。

一般来说，有两种类型的人属于与团队不合拍的。一种是太笨的成员，一种是"敌意型"的成员。对于客户方那些太笨的、难以胜任工作的人，可以将其换掉，还可以让其他成员多教一教，或者为其安排一些简单且能独立完成的工作。

对于客户方的"敌意型"成员，尽量将其换成更合适的人。如果不能更换成员，那么在工作时也应尽量避开"敌意型"成员，尤其要避免让这些人接触敏感信息。

获得客户团队各方面的支持

麦肯锡的咨询项目团队，会为客户制订一套准确、严谨、逻辑清晰的方案。麦肯锡需要得到客户方各个方面的支持，这样方案才能得以实施。

如果想让麦肯锡团队的解决方案对客户产生深远的影响，就要得到公司各个层面的支持，包括从董事会、中层经理到基层人员，也包括生产线上的工人。有必要时，要面向各个层面对项目进行系统的阐述，这也是锻炼团队成员演讲能力的好机会。

推介方案，应该面向公司整体

推介方案，要面向全体。当把制定出的方案推荐给董事长时，要向他们说明，可以通过重组销售队伍及简化生产过程来提高产品的盈利水平。方案中的论点要有相关数据的支持，要具有说服力。如果董事会通过了提案，还要解决其他方面的障碍，这样才可以让方案顺利实施。

一般来说，董事会审议通过提案以后，就要把提案交给中层的管理人员。因为他们可能是负责实施这个方案的执行人，所以，要让中层经理了解这个方案的具体情况。

接下来，就要让销售队伍及生产线上的工人了解这个提案。因为，这份提案对他们的影响很大。他们能否接受这个提案，对日后的实施至关重要。这些人是解决方案中采取措施的一部分，如果他们不接受解决方案，那么方案就没法贯彻实施。

获得整个公司的支持

麦肯锡的项目团队，会先对问题进行分析。然后，找出解决问题的答案。接下来，就要争取获得整个公司的支持。

首先，要对方案进行适当调整，使其适合不同的听众。面对公司 CEO 进行的情况说明，与面对底层工人进行的情况说明，应该是不同的模式。其次，要将方案解释给听众听，让大家了解要做什么及为什么这样做。

严格规划项目，量力而行

当客户带着问题找到麦肯锡时，麦肯锡会对这个项目进行规划，麦肯锡的客户服务主管或是项目经理会面临在最短时间实现最优结果的压力。一般情况下，要应付一个项目，麦肯锡会组建一个团队，团队由 4 ～ 6 名咨询顾问组成，这个团队要在 3 ～ 6 个月内完成项目。

一般来说，麦肯锡的项目经理既要考虑到客户的需求，又要考虑到项目团队的工作质量。如果让麦肯锡的项目团队快速地推动项目，那么可能会导致工作质量下降，这个项目有可能会被迫停止。在项目推动的过程中，麦肯锡的咨询顾问都很努力，但是他们的能力也是有限的。作为麦肯锡的项目经理，既要考虑到客户的需求和预算，又要考虑到团队的工作极限。

在客户组织内部工作期间，麦肯锡凭借其专长，往往会发掘出一些新的问题。然而，这些问题可能需要在别的时间和别的项目里解决。因此，麦肯锡接了一个项目以后，这个项目会带来新业务。如果客户对麦肯锡已有的工作成果感到满意，那么麦肯锡就会有一些新业务出现。所以，麦肯锡一般不需要和别人竞争。

规划项目时，一定要严格。无论是以咨询顾问的身份推销服务，还是被组织安排去解决问题，都要量力而行，要树立明确的、可实现的目标，不可逞强。

麦肯锡了解团队解决一个项目的能力，好的项目经理可以将客户的需求和团队的能力平衡到最佳的程度。项目经理告诉客户："我们计划做 X 和 Y，我们也可以做 Z，但是，那样团队会吃不消。"然后，项目经理会告诉团队："我们已经向客户许诺做 Z，我们得拿出业绩来。"然后，团队会很努力地工作，客户会觉得麦肯锡的服务物有所值。

当然，在麦肯锡，并非每个项目经理都可以做到这样严谨。有些项目经理对客户许诺太多，这会导致团队处于水深火热之中。如果项目经理对项目的最终成果概念模糊，那么就会想当然地给团队安排任务，团队成员一般不愿意与这样的项目经理合作。

在麦肯锡工作过的人，可以学到许多系统化的解决问题的方法。如果你是一名咨询顾问，正在为客户拟定一份建议书，你也应该量力而行。

如果老板突然对你说："现在有一个棘手的问题，我希望你领导一个团队来解决这个问题。"你不要轻易答应。因为，你要根据自己的能力及问题的具体情况做决定。

接到一个项目以后，在你开始寻找解决方案之前，要充分了解一下这个问题的实质。你要考虑一下你和你的团队能否在规定时间内解决这个问题。如果时间太紧迫，你就要去争取更多的时间。另外，你还可以找老板谈一谈，把大问题分解成容易解决的小问题。

由此可见，在项目的初期，做好系统化的准备工作，并不能确保你一定能成功，但是却能让项目推进得更顺利一些。

方案的实施要严谨

开始实施方案时，公司要做大量工作，具体的实施过程要严谨、周全，应当确保每个人都能够各司其职地完成自己的本职工作。

如果想让方案顺利地实施，需要注意以下事项：

第一，按照计划执行。要为公司实施大的变革，就要按照计划执行。实施计划具体要做什么？怎么去做？什么时候去做？要对实施细节进行有条理的说明。

第二，找专人负责方案的实施。在挑选执行人时，应保证执行人具有完成这项工作所需的各项技能。如果执行人选择恰当，就可以更加顺利地实施方案。

第三，强调完成项目的最后期限。要让相关人员在规定时间内完成相关的任务。除非发生意外情况，否则不可以延期。

总之，麦肯锡的工作人员都知道该如何与客户打交道。其实，对于任何企业中的任何员工来说，都应该学会与客户打交道，与客户维持和谐的关系。这样，许多工作才能顺利地推进。

不做推销做营销，生意主动找上门

当客户发现企业内部存在问题以后，而咨询公司刚好具备解决问题的能力，客户会主动找到咨询公司，寻求解决问题的办法。有时候，生意会主动找上门，不需要你把服务推销给客户，客户就会出现在你面前。

不做推销，做营销

生意会主动找上门。麦肯锡从来不做推销，做的是营销。麦肯锡从多方面入手做营销，当一些公司的高管遇到商业问题，会主动打电话到最近的麦肯锡办公室。

麦肯锡重视推出书籍和文章，有些书籍还产生了很大的影响力，例如：彼得斯和沃特曼合著的《追求卓越》。麦肯锡还出版学术期刊《麦肯锡季刊》，用于免费推荐给咨询顾问和客户。

很多麦肯锡项目经理及合作人在各自的领域都是国际知名的专家。例如：洛厄尔·布赖恩，他曾经为美国国会银行业委员会做过咨询；大前研一，日本著名管理学家、经济评论家，被誉为日本商界领袖。

麦肯锡还一直维持着与潜在客户进行非正式交流的庞大网络。麦肯锡鼓励合伙人参与一些活动，如慈善基金会、文化组织等，参加这些活动的很多人都会成为公司的潜在客户。另外，麦肯锡的合伙人经常会与老客户见面，检视麦肯锡之前所做项目的结果。这样，当客户出现新问题时，首先会想到麦肯锡。

麦肯锡的以上做法，不算是推销，但通过这些做法，可以使老客户持续信任麦肯锡，还可以使潜在客户意识到麦肯锡的存在。

麦肯锡的咨询顾问也会经常参加一些展会、行业研讨会。对咨询顾问来说，这些场合都可以让潜在客户知道麦肯锡的存在。咨询顾问们还可以在行业杂志上发表自己的文章，让很多人看到他们的名字和文章。

公司要想不断地发展，就要不断地挖掘潜在客户。经过一定的努力，让这些潜在客户转化为公司的客户，可以为公司带来可观的利润前景。

明确目标客户群

挖掘潜在客户，首先要明确目标客户群，弄清楚哪一部分人群是潜在客户。这样，可以有效地把潜在客户转化成有效的客流。

一般来说，潜在客户可以分为以下三类：

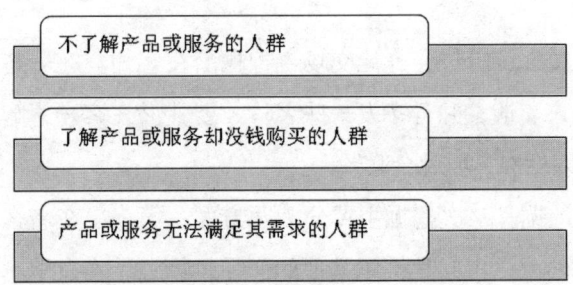

不了解产品或服务的人群

了解产品或服务却没钱购买的人群

产品或服务无法满足其需求的人群

了解了潜在客户的类型之后，可以针对潜在客户的需求给出相应的解决方案。

1.针对不了解产品或服务的潜在客户，可以采用下面的方法向这类客户推荐公司的产品或服务：

（1）通过现代的一些媒体（例如：电视、报纸、杂志、微信、微博等）向潜在客户进行产品或服务的宣传。

（2）树立良好的企业形象，促使客户对公司提供的产品或服务感兴趣，从而产生购买行为。

2.针对了解产品或服务却没钱购买的潜在客户，可以通过一些特殊的方式来解决。例如：分期付款、以旧换新、联合促销（你在A公司购买商品后，该公司会赠送给你B公司的优惠券或其他的优惠条件）等。

3.针对产品或服务无法满足其需求的潜在客户，如果其还没有产生购买行为，可以改良产品或服务，或者打造新的产品或服务，以满足这类潜在客户的需求。

寻找并留住潜在客户

销售人员是跟客户进行直接接触的工作岗位。首先要寻找到潜在客户，然后要想办法留住潜在客户，从而成功地销售出产品或服务。

1.寻找潜在客户

如何寻找潜在客户呢？以下一些方法可供参考：

（1）通过打电话挖掘潜在客户。在与潜在客户沟通时，要注意说话的语气、语速等。

（2）通过展会、研讨会等社交场合挖掘潜在客户。在一些社交场合，销售人员要多与人交谈，并且多发一些名片，要让潜在客户了解到你是做什么的，也许对方以后有需要时会联系你。

（3）二次挖掘。二次挖掘主要分为两方面：第一，在老客户购买某种产品或服务的基础上，再向其推销其他的产品。第二，在有了一定的客户基础之后，如果你的为人、你的产品或服务让客户很满意的话，可以让客户把你推荐给他认识的人。

（4）名人效应。请名人或各界权威人士在一定群体范围内推广你的产品或服务。例如：如果你与某公司的 CEO 关系很好，那么你就可以通过他向他们公司的员工宣传产品或服务。

2. 留住潜在客户

找到潜在客户以后，需要想办法留住这些潜在客户。下面提供了一些留住潜在客户的方法：

（1）充分掌握潜在客户的个人信息，以便为对方提供优质的服务。

（2）采用恰当的方式与客户沟通，要真诚、友好，给客户留下良好的印象。

（3）在工作的同时，要不断地提升自己，随时都要给自己充电。

运用乔·吉拉德的七定律

想留住老客户，同时还想挖掘出许多潜在客户，可以学习一下乔·吉拉德的七定律。无论你是从事什么销售工作的，这七个定律都可以派上用场。

1. 250 定律——不得罪一个客户

在每位客户的面前，大概都站着 250 个人，这些人与客户的关系比较亲近，是客户的同事、邻居、亲戚、朋友。一个推销员，如果在年初的一个礼拜内见到 50 个人，其中有两个客户对他的态度不满意，那么，到了年底，由于连锁影响，可能会有 5000 个人不愿意和这个推销员打交道，更不愿意跟他做生意。因此，在任何情况下，都不要轻易得罪一个客户。这就是乔·吉拉德的"250 定律"。

2. 名片满天飞——不放过每一次机会

乔·吉拉德会到处递送名片。在餐馆付账时，他会把名片夹在账单里；在体育场，他会把名片大把大把地抛向空中……

乔·吉拉德认为，每位销售人员都应该想办法让更多的人知道自己是做什么的，销售的是什么产品或服务。通过撒名片这种方式，可以让别人知道自己在哪里及销售的是什么，这样可以获得更多的机遇。

3. 建立客户档案——多了解客户

如果想获得客户的好感和信任，就要多了解客户，收集客户的相关资料。

刚工作时，乔·吉拉德把收集到的客户资料写在纸上，塞进抽屉里。后来，他逐渐意识到建立客户档案的重要性，于是便买了日记本和卡片档案夹，把曾写在纸上的资料做成记录，建立起客户档案。

乔·吉拉德说："在建立卡片档案时，要记录下与客户及潜在客户的全部资料，他们的年龄、学历、职务、成绩、文化背景、孩子、爱好、旅行地，以及其他任何与他们有关的事件，这些资料能使你有效地跟客户探讨问题，有了这些资料，你就会知道他们喜欢什么及不喜欢什么，你能够让他们高谈阔论……"

4. 猎犬方案——让客户辅助你寻找潜在客户

乔·吉拉德有一句名言，即"从我这里买过汽车的客户会帮我推销"。在生意成交以后，乔·吉拉德会把一沓名片和猎犬方案的说明书交给客户。帮乔·吉拉德推销汽车的客户，卖出去一辆车能得到 25 美元的酬劳。在 1976 年，猎犬方案为乔·吉拉德带来了 150 单生意。

5. 推销产品的味道——让产品或服务吸引客户

每种产品都有自己的味道，乔·吉拉德善于推销产品的味道。在与客户接触时，乔·吉拉德总是想方设法让客户"闻一闻"新车的"味道"。他让客户坐进驾驶室，握着方向盘，自己操作。

如果客户住在附近，乔·吉拉德会建议他把车开回家，让他的家人夸耀一番，然后他很快就会沉醉于新车的"味道"。根据乔·吉拉德的经验，凡是坐进汽车驾驶室开上一段时间的客户，一般都会把车买了。即使当时不买，过几天也会来买。新车的"味道"在客户的脑海中，让客户难以忘记。

一般来说，在好奇心的驱使下，客户都喜欢亲自尝试、接触、操作。无论你销售的是什么，都要想办法去展示你的产品或服务，让客户参与其中。

如果能够吸引住客户的感官，就能吸引客户购买产品或服务。

6. 诚实——销售的最佳策略

销售的最佳策略是诚实。对于销售人员来说，在销售的过程中，要尽量做到诚实。因为很多事情客户事后可以查证，如你卖给客户一辆六气缸的车，那么就不要告诉客户他买的车有八个气缸。

7. 每月一张贺卡——真正的销售始于售后

推销是一个连续的过程，一单生意成交意味着本次推销活动停止了，同时，也意味着下次推销活动的开始。在一单生意成交以后，如果继续关心客户，将会赢得老客户，还能吸引新客户。这样，生意会越做越大，客户会越来越多。

在一单生意成交以后，还要继续推销。每个月，乔·吉拉德会给他的一万多名客户寄去一张贺卡。凡是在乔·吉拉德那里买了汽车且收到贺卡的人，都记住了他。

将心比心，换位思考

由于人受直觉的控制，所以在思考的过程中，总是以自我为中心。但是，这种以自我为中心的思考模式，往往会使思考陷入主观当中，从而有意无意地忽略掉许多客观的东西，导致思考走向错误的方向。

所以，批判性思维的一个重要方法就是换位思考，使人从自我这个主体当中脱离出去，进入客观的世界当中，从而发现事物的全貌。

麦肯锡团队进入中国市场以后，一开始业务开展得并不是很成功，这很大程度上就是因为他们考虑问题过于主观。如果麦肯锡的咨询顾问无法站在中国商业人士的角度思考问题，往往难以提出令人满意的咨询方案。

有一家企业找到咨询顾问解决商业问题。咨询顾问给出的解决方案是替换掉董事会的一名成员，然而，这位成员与董事长有着千丝万缕的联系，在董事长的心中，替换掉他是一种损失，而这种损失可能比失去一家重要分公司的损失还严重。

从心理学的角度来说，换位思考就是人与人之间的一种心理相互体验的过程。这种将心比心、设身处地的心理转换，是人与人之间达成理解时不可或缺的心理条件。

客观来说，换位思考，就是要求人能够将自己内心的感受与对方联系起来。这些感受包括思维方式、情感体验等，要求人学会站在对方的立场上去思考、体验，从而为双方的良好沟通及顺利地解决问题打下坚实的基础。

在日常生活与工作中，如果想要和对方相互信任、相互理解，并且建立良好的合作关系，就要学会站在对方的立场上去思考问题。将心比心，才能形成融洽的合作关系。

在日本，松下幸之助被称为"企业之神"。他果敢的行为、节俭的作风，以及懂得换位思考的管理方式，是日本商界学习的典范。

十九世纪四五十年代，日本处于战中和战后时期，经济大萧条，人们的生活十分艰苦。在这种情况下，很多公司都采取了裁员策略。然而，松下幸之助扛住压力，硬是没有采取这种策略。不仅如此，他还为员工增加福利，使每位员工可以在公司吃到免费的中餐和晚餐。松下幸之助懂得为员工考虑，他了解员工当时的生活十分艰苦，所以就为他们提供免费的食物。对于员工来说，这是雪中送炭。

然而，没过多久，食堂的管理人员发现，食堂里浪费粮食的问题很严重。几百人的一顿饭，要吃掉上千个人吃的粮食。食堂经理感觉员工们没有良心，于是就把这件事报告给松下幸之助。

得知此事后，松下幸之助感到难以理解。于是，他决定亲自走访食堂。在食堂，他看到的场面确实如食堂经理所言，员工们争先恐后地盛饭，盛完一碗又一碗，就连看起来很瘦的人都能盛三四碗饭。另外，松下幸之助还发现另外一个现象，员工们用完餐以后，餐桌上并没有剩下什么饭菜。原来，员工们并没有把饭菜浪费掉。因此，松下幸之助认定，这里面一定有隐情。

松下幸之助并没有直接控制食堂的供餐量，也没有设定按配额供给员工的饭量。他召集了几名员工来谈话，他并没有直接质问员工，而是不断询问员工的家庭情况，并且在不经意间把信息透露给员工。与员工们沟通完以后，松下幸之助了解到了事情的原委。

原来，在经济大萧条的大背景下，许多员工的家里都只剩下员工这么一个收入来源，家庭生活十分困难。在这种情况下，为了节约开支，员工们就打起了公司免费午餐、晚餐的主意。大家都会在吃饭时偷偷多盛一些饭，然后把饭拿回家里，给妻子、孩子吃。

了解到具体情况以后，松下幸之助制定了相关制度：凡是公司的员工，以后都不需要再偷拿食物了，只要愿意，员工们可以把自己的妻子和孩子一同接到公司吃饭。

该制度一宣布，员工们激动无比。老板懂得为员工们着想，大家为有这样一位老板而感到骄傲。自此，公司的凝聚力和效率得到了提升。

在上面的事例中，松下幸之助了解到食堂出现的问题以后，就展开了调查。松下幸之助懂得换位思考，能够站在员工的角度看问题。在经济大萧条的背景下，松下幸之助不忍心看着员工的妻子、孩子都饿肚子，所以他就允许员工把妻子和孩子一起带到公司吃饭。

解决问题时，应以换位思考作为基础。站在他人的角度思考问题，会有意想不到的收获。上司与员工之间，员工与客户之间，都需要换位思考，这样有助于获得彼此的信任和理解，从而维持良好的关系。

第五章

组建团队的锦囊

麦肯锡信赖团队，因为团队更有力量，能够更好地帮助客户解决问题。团队成员多，这意味着有更多的力量去收集信息、分析数据。这还意味着，有更多的思想去思考数据。麦肯锡开发了组织和维持高效能团队的策略，许多策略都值得借鉴。

麦肯锡思维：打造高效的团队

　　一个人，即使自己再强大，也要融入到集体当中。一个人所做的工作，不但要成就自己，还要成就自己所在的团队。

　　咨询公司里的咨询顾问，经常要走访客户。走访需要花费一定的时间，因此务必要追求效率。所以，一定要事先做好安排，明确走访的目的及任务。走访客户，最好安排两个人。如果只安排一个人，既要与客户交谈，又要做记录，会忙不过来。如果安排两个人，一个人负责与客户交谈，另外一个人负责记录，如此一来，走访的效率会高一些。

　　麦肯锡讲究团队配合，一般来说，5～6个人就能组成一个战斗力十足的团队。麦肯锡的工作人员，不崇拜个人英雄主义，相信团队的配合。在麦肯锡，任何人做出牺牲团队利益的行为，都是会被惩罚的。

　　麦肯锡内部的小团队，也许每个队员的能力都很一般，但是所有队员组合在一起，就能爆发出强大的威力。

　　麦肯锡不要求每个人智力突出，但要求分工协作。每个项目的 Leader，都要在项目开展前为自己招揽队员，数据、财务、分析、软件、硬件等方面的人才都需要。团队组建好以后，还要不断地加强团队建设，比如集体参加户外活动、集体唱歌等。通过各种互动，可以有效地增进团队成员的感情，增强团队配合的意识。

　　西方有个谚语，叫作"不去重新发明轮子"，意思是企业中每一项工作都有人做过，你只需学习他的经验即可。企业中大部分的问题，相似的地方都要多于差异之处，只要掌握了解决一个问题的办法，就可以运用这种办法解决更多问题。因此，遇到一个新问题时，麦肯锡的咨询顾问会在公司的数据库中找相似案例，然后咨询同事之前处理问题的意见。这样做，就可以获得一些经验，能少走许多弯路，提高工作效率。

这就是麦肯锡的工作原则，先吸取他人解决问题的经验，先把共性的问题解决了，再去解决个性的问题。

赵明是一名博士毕业的高才生，毕业后到一个新单位工作。

有一次，赵明跟大家一起去一个鱼塘钓鱼。有几位同事从鱼塘的水面上跑到了对面，踏水无痕。赵明很疑惑，但也没有问。他跟着别人一起跑过去，结果掉进了水塘里。

后来，同事告诉他水下有桩子，大家经常来这里钓鱼，所以十分清楚桩子的位置，但是，赵明却不知道，所以就踩空了。

通过这个故事，可以得到这样的启发：有些事情，其实只要多问一句，就可以避免发生很大的错误。

能力再强的人，也不可能各个方面都很好。真正聪明的人，能够不断看到他人身上的优点，并且学习他人的经验。

哈雷摩托是由哈雷戴维森摩托车公司生产的摩托车品牌，创始于1903年。

1903年，最初的哈雷，是由21岁的威廉·哈雷和20岁的阿瑟·戴维森在一间小木屋里"攒"出来的，并且以两人的姓氏命名为"哈雷－戴维森"。

一个多世纪以来，它经历了战争、经济衰退、萧条、国外竞争，以及市场变幻的重重洗礼。然而，它经受住了所有考验。如今的哈雷戴维森摩托车公司，比以往任何时候都更强大。

可以说，哈雷摩托是机车界最有名的品牌。然而，在20世纪80年代，哈雷还去向本田摩托车学习。哈雷觉得本田的做工比自己要强，库存管理也很优秀。哈雷主动去拜访本田公司，学习本田的经验，并且将哈雷摩托做出了改变。

通过哈雷的事例，可以得到这样的启发：一个企业，即使已经发展得很好了，也要学习其他企业成功的经验，吸取经验，从而使自身不断壮大起来。而一个人，即使自己已经非常强大了，也要善于发现他人的长处，学习他人成功的经验，使自己变得更加强大。

总的来说，人无完人，团队也没有绝对完美的。团队也好，个人也罢，都要不断进步才行。要打造一支高效的团队，就要善于学习其他团队的经验。一个看似已经很成熟的团队，也存在着某些不足，因此要不断学习、不断进步。

而一个能力再强的队员，也不能过度自负，要善于发现他人身上的优点，学习他人的优点和经验，取人之长，补己之短，使自己变得更优秀。

培养精英：合理选拔团队成员

在当今社会，专业化、社会化的分工越来越细。每个企业都应该向麦肯锡学习，注重组建团队，让团队完成重要的项目。每个成员都要把自己融入到团队中去，充分发挥自己的价值。在项目推进的过程中，团队中的成员各司其职，大家密切配合，最终团队才能发挥出巨大的力量。

构成优秀团队的基本要素

麦肯锡公司资深合伙人罗勃·洛威茨这样说："好的工作团队，人数都不会很多。如果团队的成员很多，那么就会妨碍相互之间的交流和探讨，而且也难以形成团队的信赖感和凝聚力。"一个优秀的团队，一般有以下基本要素：

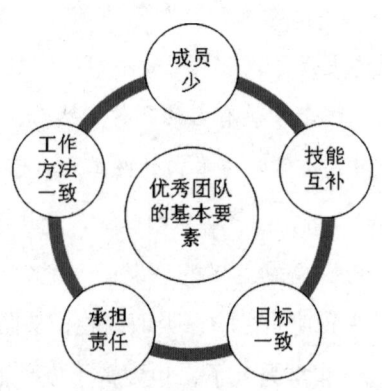

1. 成员人数不多

虽然，一大群人能够组成一支庞大的队伍，然而，这个团队可能还会分出一些下级团队，反而很难作为一个整体发挥作用。如果一个团队的人数太多，相互之间难以达成共识，那么配合起来就会出现一些问题。

人数不多的团队，也能发挥出很大的力量。只要大家各司其职，并且能够相互配合，相互之间容易达成共识，就能很快走上轨道。

人数不多的团队，一般都具有以下几个特征：

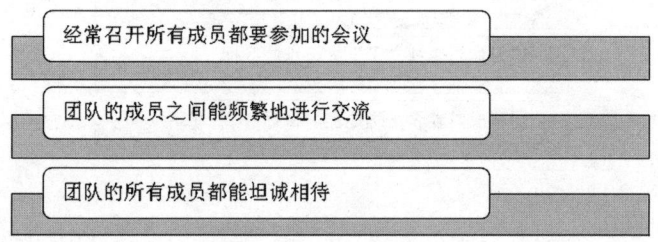

经常召开所有成员都要参加的会议

团队的成员之间能频繁地进行交流

团队的所有成员都能坦诚相待

2. 技能互补

团队成员的技能，应该是可以互补的。每个成员都要充分发挥自己的技能，相互协作，完成团队的目标。

成员的技能通常被分为以下三类：

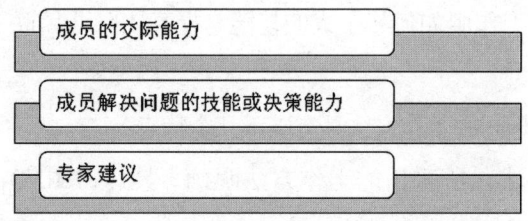

成员的交际能力

成员解决问题的技能或决策能力

专家建议

这三种类型的技能，不管是实际的，还是潜在的，都能充分反映团队成员的能力。团队的所有成员应该努力提高这三类技能的水平，无论是从企业的角度来考虑，还是从个人的角度来考虑。团队成员也要帮助其他成员发展技能，另外，在团队有需要时，每个成员都要培养一些新技能。

3. 目标一致

一个团队，要拥有共同的目标，每个成员都要为这个目标而努力。有了一个相同的、有意义的目标，就可以确定团队共同奋斗的方向。具体的业绩目标，是团队整体目标的一部分。

确定目标，需要考虑以下几点：

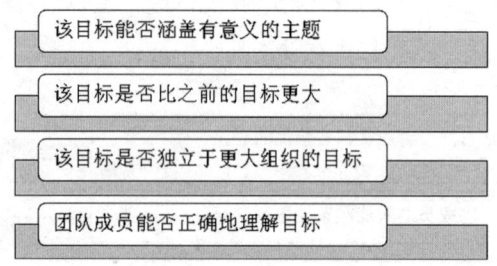

4. 承担责任

作为团队里的成员，要敢于承担责任，要弄清楚哪些是个人责任，哪些是共同责任。团队里的每位成员，都要敢于为团队的目标、方法等承担责任。每位成员都要根据具体的目标来衡量自己取得的进步。

5. 工作方法一致

一个优秀的团队，大家的工作方法要一致。优秀团队采用相同的工作方法，其核心在于工作中如何将个人的技能与提高团队业绩联系起来，并且达成共识。

简单来说，相同的工作方法具有以下几个特点：

第一，团队成员所采用的工作方法明确、具体，团队中的每个成员都能够理解并且接受这种工作方法，以及团队能够通过这种工作方法实现工作目标。

第二，这种工作方法能够使团队中每个成员的技能都有所提升。

第三，采用这种工作方法，要求团队中每个成员对实际工作做出相同的贡献。

第四，这种工作方法能就事论事地解决问题。

第五，团队中的每个成员都能够用同样的方式对这种工作方法进行说明。

第六，可以随时对这种工作方法进行一定的修正与改进。

选拔合适的团队成员

要组建团队，就要选拔合适的团队成员，这是保证工作成功的关键。那么，如何选拔合适的团队成员呢？

首先，要分析每个人的性格特点。一般来说，能够相处融洽的人，适合在一个团队中一起工作。

其次，要分析每个人的能力。每个团队中的成员，各自都要具备专业技能。例如：一个团队中，有人英语好，有人分析能力强，有人掌握的办公软件多，等等。

最后，要分析每个人的抗压能力。能够抵抗压力的队员，不会给团队拖后腿。

麦肯锡选拔团队成员的理论

选拔团队成员，要考虑具备什么技能和性格的人对项目有帮助，然后仔细挑选出一些人。麦肯锡在选拔团队成员时，不仅会挑选有智慧的人，而且特别看重成员的特殊技能和经历。

麦肯锡选拔团队成员的理论：

1. 聪明十分重要

为团队挑选聪明的成员，无论这些人的阅历或个性如何。在麦肯锡，聪明是用人的基本要求，每一名麦肯锡咨询顾问都十分聪明。如果不够聪明的话，就难以在麦肯锡立足。

2. 成员的特殊技能和经历十分重要

麦肯锡的工作人员认为，团队成员要有特殊技能和经历。有特殊技能和经历，往往可以轻松地解决很多工作中的问题。

麦肯锡的这两种理论都具有借鉴价值。企业应该根据客户及具体的问题来选拔合适的团队成员。企业中，当遇到一些问题需要做大量的分析时，就需要两三个数据计算方面的人才。如果企业要处理一个大型的组织架构重组项目，就要组建一个团队，团队成员中要有善于交际的人，以及在实施变革方面有经验的人。

另外，麦肯锡的团队配置过程也值得借鉴。一个项目刚刚开始时，项目经理及合伙人会在人力资源库中选拔出团队成员。职业发展经理会给项目经理一张清单，清单上列出了目前没有项目的顾问，还会列明每位顾问的主要经历，以及公司对这些顾问分析能力、客户管理技能等方面进行的评估。在选拔团队成员的过程中，仅仅按照评估信息挑选团队成员是不严谨的。一般来说，聪明的项目经理会在新成员上岗前与其进行一次谈话。

组建优秀团队：企业发展的基石

麦肯锡信赖团队，是因为团队能更好地解决客户面临的问题。要让一个人去解决复杂的问题，这往往会很困难。团队是由很多人组成的，人多力量大，这意味着有更多的力量去收集和分析数据。

作为全球知名的管理咨询公司，麦肯锡开发了一系列组建并维护高效能团队的策略。作为企业管理者，掌握了这些非常实用的管理技巧，就能像麦肯锡资深管理顾问一样，解决棘手的问题。

组织可以联络感情的活动

在麦肯锡公司，每个人都是团队中的一员，无论是在前台负责咨询工作，还是在后台制定决策，都是由团队共同完成的。如果团队成员相处十分融洽，那么整个团队的表现就会非常好。作为团队的领导者，要增强团队的凝聚力。

对于麦肯锡人而言，组织活动十分重要。在一个项目推动的过程中，可以多组织几次活动。例如：去当地比较好的餐厅吃饭，或者看演出、比赛等。

在组织活动方面，麦肯锡乐意出资。有一位项目经理，甚至曾经把整个团队带到佛罗里达州去度假。

一位前麦肯锡高级项目经理阿贝·布莱伯格曾这样说道："我不能确定团队活动是否那么重要。重要的是，团队能在一起工作，大家相处很愉快，这会在项目进行的过程中体现出来。同样重要的是，每个人都会感觉到自己及自己的想法能得到尊重。"

一个典型的麦肯锡团队，每天都会在客户驻地工作10～14小时，另外还会在办公室过一天周末。在开展外地项目时，麦肯锡的团队成员会共进晚餐。对于一个团队来说，用这些共处的时间来提升团队的凝聚力足够了。

通过麦肯锡的事例，可以得知：企业组织活动，有助于增进员工之间的感情，并且能够有效地提升团队的凝聚力。

领导者管理团队时，选择活动要慎重。可以试着让员工的家属参与到活动中，这有利于活动的顺利开展。

当然，领导者要尊重咨询顾问，给他们私人空间。在麦肯锡，最佳的团队聚餐时间是中午，因为项目经理明白咨询顾问晚上下班后有自己的事情要处理。

保持团队士气

组建好团队以后，领导者要保持团队士气。这一点不容忽视，否则团队就会表现不佳。领导者应该和团队成员多交流，了解团队成员的感受。

那么，如何保持团队士气呢？下面介绍几种方法：

1. 多与团队成员交流

团队的领导者应多与团队成员交流，了解一下他们对自己所做的工作是否满意，还可以询问一下，问问他们是否对手头的工作感到困惑。在与团队成员交流的过程中，如果团队成员向领导者提问，领导者要及时回答问题，以免团队成员心中积累过多的疑惑。如果发现哪位成员在工作的过程中不愉快，领导者要及时做思想工作。

2. 弄清楚团队的优先级任务

团队的领导者要弄清楚团队的优先级任务，这样，才能确定团队前进的方向，稳步前进。

3. 让员工了解手头工作的价值

要让员工了解到自己工作的价值。每个人的工作都是有价值的，那就是为客户服务，让客户满意。

4. 了解员工

员工是否结婚了？是否有孩子了？员工有哪些个人爱好？这些问题有助于增进对员工的了解。

另外，作为领导者，你还可以融入到队伍中去，和员工分享自己的一些工作经历、生活经历。

确保团队信息畅通

对于企业来说，组建团队以后，要确保团队信息畅通。这样，有助于各个项目的顺利推进，有利于团队提升解决问题的能力。

第一，确保团队成员清楚项目的基本框架，确保他们都在团队内部的消息圈内。这样，有助于团队成员了解自己所做的工作对目标的意义。另外，如果团队成员获取了新信息，要在第一时间予以反馈。有效的信息流动，有助于更快地找到解决问题的办法。

第二，确保团队负责人能跟上团队的进展。如果项目脱离了负责人的控制，应立即让负责人弄清楚问题的根源，从而充分利用他的才能处理问题。

第三，在日常工作中，可以在休息时间四处走一走，例如：午饭后，在公司的走廊漫步。在漫步的过程中，也许会与某位同事偶遇，然后可以通过与对方交谈获取有价值的信息。

组建优秀团队的锦囊

企业的管理者，要学会采用正确的方法，培养优秀的团队。企业要确立清晰的愿景，以引导员工。企业要为员工定义各自的职责，要求员工各司其职。

招聘人才时，企业应聘用能胜任某一具体职位的人，此人要有与职位相匹配的技能，并且有着良好的态度。在面试时，企业应该向应聘者说明绩效评估标准。

企业应为员工提供合适的实践机会，从而帮助他们提高执行能力。另外，企业要给员工灌输一种高效的文化，激励员工高效地完成工作。这就是组建优秀团队的锦囊。

下面详细介绍一下组建优秀团队的四大锦囊：

1. 确立明确的愿景

企业管理者要激励员工朝着一个共同的目标努力。根据公司的发展规划，管理者可以设定使整个团队都信服的、清晰的、可执行的目标。目标要能够鼓舞人心，以鼓励员工融入其中。目标能否发挥作用，主要在于员工能否将个人愿景同目标联系在一起。

2. 定义员工的职责

如果想实现高效的工作，那么员工就要明确自己的职责。企业管理者应该为员工定义各自的职责，作为管理者，要充分考虑自己给每位员工安排的工作是否合适。

给员工定义了职责以后，要设定奖励机制。对工作表现好的员工进行精神及物质奖励。对于每周表现最佳的员工，可以在开会时点名表扬，还可以给予一定的绩效奖金。

另外，公司的人力资源部门可以对员工的奖励进行记录，以此作为员工薪资增长、职位晋升的重要参考标准。

3. 注重员工的培训

企业内部的员工往往要面对很多的客户，要帮助客户解决许多的问题，这就需要员工不断学习，提升自己的综合能力。企业要注重员工培训，通过课程讲解、社会实践等多种方式提升员工的能力。

4.灌输高效的文化

优秀的企业管理者，善于为员工灌输高效的文化，激发员工对企业的热爱之情及对本职工作的热情，从而发挥出自身的潜能，高效地工作。

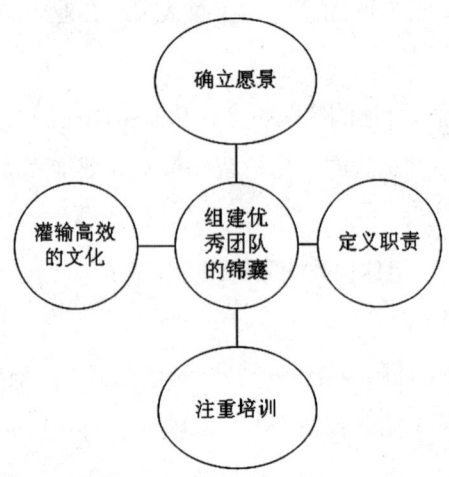

总之，企业要想组建优秀的团队，让员工高效地工作，就要把以上四个方面做好。作为企业管理者，一定要明白，组建优秀的员工队伍，就可以拥有持久的竞争优势。组建优秀的团队，也是企业获得良好口碑的基础。

与众不同的管理：麦肯锡的层级管理

在麦肯锡公司，一名普通的咨询顾问不需要预约，就可以进入他人的办公室，与其探讨与项目有关的问题。在麦肯锡的大小会议上，无论是刚入职的新人，还是资深的合伙人，每个人都可以提出自己的意见，并且每个人的意见都是有分量的。

麦肯锡的层级

麦肯锡公司的员工，从上到下，可以分为四种职位，即项目经理、咨询顾问、分析师和合伙人。

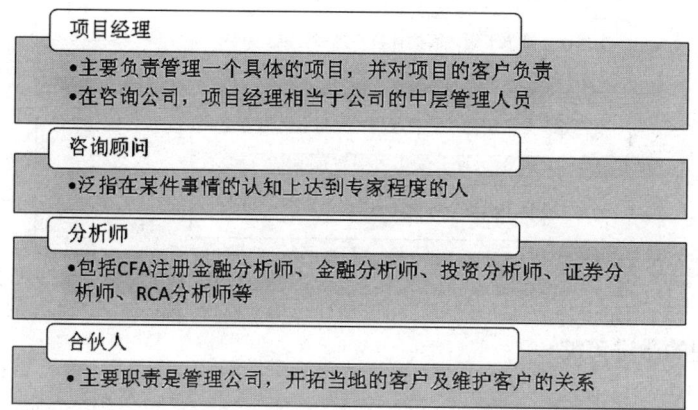

在麦肯锡公司，新入职的员工会先在一些具体的项目中担任分析师，负责收集、调查、整理一个项目的基础数据。如果有需要的话，还要为客户做一些讲解项目的工作。这些新员工不容轻视，因为麦肯锡只招全球知名商学院的高才生，这些人大多有着很强的解决问题的能力。新员工在麦肯锡工作一段时间以后，就积累了一些工作经验。在他们取得了一定的进步或成果以后，一般会被升为咨询顾问。如果足够优秀的话，以后还能升为项目经理。

麦肯锡公司没有上下级

在麦肯锡公司工作，职位的高低只代表着承担不同的工作，并不代表地位的高低。在麦肯锡，职位只是一种称呼而已。刚入职的员工，一般会称呼合伙人为"先生"或"女士"。

一般情况下，麦肯锡公司职位高的领导不会对职位低的员工指手画脚。因为麦肯锡不允许那些强加于人的工作作风存在。从某种角度来说，麦肯锡公司不存在上下级的概念。

麦肯锡公司的领导，都是在取得了一定的成果后才升到这个职位的。所以，他们能够受到下属的尊重。另外，他们深知，充分激励和调动下属，才能使下属发挥出最大的潜能，从而为公司创造出更多的价值。

麦肯锡公司的上下级关系具有以下三个特点：

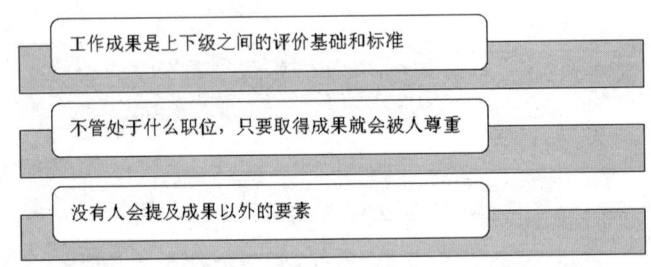

工作成果是上下级之间的评价基础和标准

不管处于什么职位，只要取得成果就会被人尊重

没有人会提及成果以外的要素

层级管理的激进策略

什么是层级管理的激进策略呢？即如果你很想做一件事情，就努力去做，直到有人阻止你为止。很显然，这个策略并非适用于每个人。

身处一个强调平等的组织中，你可以要求自己与人平等的权利，直到有人告诉你："你得服从我的命令。"

麦肯锡的咨询顾问哈米什曾说："要想成为一名成功的咨询顾问，你就得要求自己平等的权利。你往往会处于这样的状态，你必须假定自己可以做一些事情，或通过与某人交谈得到一些信息，即使没有明确的授权，你也可以这样做。"

激进策略有些极端，一个组织的层级制度越强，采取激进策略的风险就越大。在一个十分严密的组织中，你要对别人职权的范围保持敏感，并且时刻准备放弃自己原有的主张。

让上司更有面子

如果你能够让上司更有面子，上司也会让你很有面子。这是层级制度中的交换。要想让上司更有面子，就要做好三件事：

第一，提升个人工作质量。你要努力做好自己的本职工作，保证工作质量。如果你的工作质量很高，那么上司就会轻松很多。

第二，不隐瞒信息。如果上司想了解你所知道的东西，你应该毫无保留地告诉他。

第三，确保你们之间的信息畅通。要让上司知道你在哪里、在做什么，以及你遇到了什么问题。一般来说，你可以通过发送电子邮件或语音留言来告诉上司一些信息。如果你为客户准备了分析竞争对手的信息，却不能直接与客户分享信息，那么你可以先将信息发给项目经理。

有一位在麦肯锡入职一年的咨询顾问，花几周时间为客户准备了一份分析竞争对手的综合资料。如果与一家等级制度严格的制造业公司高管分享他的研究成果，显得不太合适，因此需要由他的项目经理来汇报。

他接下来的工作就是花几个小时的时间让项目经理熟悉这部分内容。第二天，项目经理进行了一场极具说服力的演讲。在项目经理回答客户问题的过程中，他为其写纸条，并且在其耳边小声汇报情况，还把汇报稿中重要的页码指给其看。演讲结束后，他们的介绍给客户留下了深刻的印象，项目经理也给客户留下了很好的印象。与此同时，他给项目经理及合伙人留下了深刻的印象。由于他出色地完成了任务，全公司的人都知道了他。

通过上面的事例，可以得知：工作中，要让上司获得满足感，让上司觉得有面子。这样，上司也会给你面子，你的价值能够充分体现出来并且被认可。

开创公司：搭建优秀的创业团队

对于创业者而言，搭建优秀的创业团队是至关重要的。因为，团队的质量决定着创业的成败。一般来说，一支优秀的创业团队，要求成员具有相当高的责任感，对行业发展有深入的了解，并且有着与人合作的良好心态。

注重独立，也注重合作

创业的过程中，创业者要注重独立，同时也要注重合作。适当与其他公司合作，能够弥补双方的缺陷。通过合作，弱小企业可以快速在市场中站稳脚跟。创业者要从创业整体规划出发，明确公司需要具有什么技能的人才，以及公司创业初期需要什么资源。然后，寻找具备相关技能及能提供相关资源的合作者，实现技能与资源的整合。

创业团队是公司的灵魂，是公司取得成功的保证。优质的合伙人，能够帮助企业腾飞。选择合作伙伴，意味着将企业未来几年的命脉与人共享，因此，对于创业者来说，在共享权力之前，要认真地考察合作伙伴，冷静地分析出什么样的人能够成为公司的合作伙伴，找出有利于公司发展的合作伙伴。

扬长避短，恰当选用人才

职场中，有许多创业失败的例子，失败的主要原因在于缺少优秀的创业团队。如今，选拔合适的创业合作伙伴，已经成为创业成功与否的关键。

这个世界上，有各种各样的人。站在创业者的角度来看，可以将人分为三类：

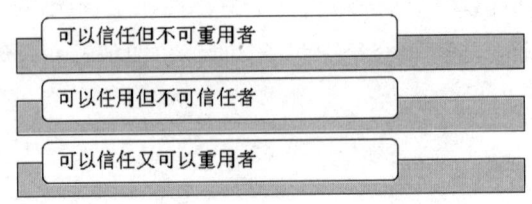

可以信任但不可重用者

可以任用但不可信任者

可以信任又可以重用者

为了创业成功，上面提到的三种人，创业者要能够充分识别人才，恰当选拔合伙人及员工，扬长避短，合理配置，那么就能最大限度地发挥他们的作用。

明确目标，同舟共济

创业的过程中，合作伙伴能否与创业者同舟共济，这对于成功创业至关重要。每个团队成员都应该认可团队的目标。明确了团队的目标后，团队成员要以这个共同的目标为出发点，召集团队成员。

一个团队的质量并不能仅以人数来衡量，无论人数多少，只要大家有着共同的目标和理想，那这个团队就是优质的。所以，创业者与团队的伙伴应该是志同道合的，大家有着相同或相似的价值观、人生观。

人才集中，相得益彰

创业初期，虽然创业团队不是很大，但是，"麻雀虽小，五脏俱全"。团队中的成员应各具特色，相得益彰，既要有技术人员，又要有终端销售人员。要想组建一支优秀的创业团队，每个成员都应有自己的长处。把大家的长处集中起来，相互补充，整个团队就能发挥出巨大的力量。

一般来说，一支优秀的创业团队，主要包括以下几种人：

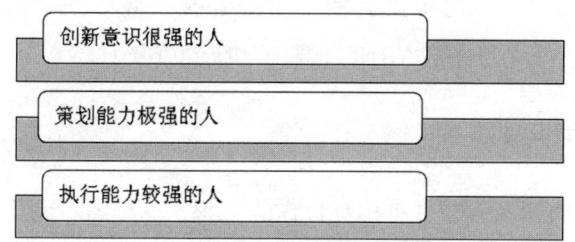

其中，创新意识很强的人，可以决定公司未来的发展方向，相当于公司的战略决策者；策划能力极强的人，可以全面地分析整个公司面临的机遇与风险，考虑成本、投资、收益的来源及预期收益，甚至还要负责公司管理规范章程、公司长远规划设计等方面的工作；执行能力较强的人，主要负责项目后期的执行工作，包括联系客户、接触终端消费者及拓展市场等。

另外，如果是技术类的创业公司，还应有研究高手。当然，创业团队还要有人掌握必要的财务、法律、审计等方面的专业知识。

心胸开阔，善于合作

选好合伙人以后，创业者要与合伙人和谐相处。只有这样，才能实现长久的合作。正所谓"和气生财"，大家和谐相处，才能创造出利益。

创业者应该有宽广的心胸，宽以待人，能够把握住合作的要领，并且掌握在合作中的分寸。这样，团队成员都能体验到合作的乐趣，整个团队会收获硕果。

知己知彼，百战不殆

一般来说，大部分创业团队的核心成员都很少，一般是三四人，顶多十来人。从企业管理角度来说，团队成员少，管理者能够轻易驾驭。实际上，虽然团队成员少，但是每个人都有自己的想法，所以管理者不能在管理团队成员这方面掉以轻心。

一个优秀的创业团队，成员间应该相互熟悉。团队成员要清楚地认识到自身的优势、劣势，同时也要了解其他成员的优势和劣势。这样，可以避免团队成员之间产生各种矛盾，有助于提升团队的凝聚力。

相互合作，利益共享

个人创业的初期，要具有相互合作的意识，这里所说的相互合作，是指创业者寻找志同道合的人一起合作，并且合理分配利益。

创业团队中，无论有多少合作伙伴，都应该平分股份。但是，在统一规划方面，应该确立一个主导者，否则容易出问题。当大家形成决议后，应确保集中所有的资源和力量，向一个明确的方向前进。

坦诚相待，相互尊重

创业团队中的人应该相互尊重，在合作中要坦诚相待。团队中的每个成员都应该摆正自己的位置，明确创业的目标。如果相互之间产生了矛盾，要懂得宽容，不要盯住眼前的小矛盾不放。要知道，这世上没有完美的人，也没有完美的团队，所以团队成员应尽量和谐相处。

第六章

有效沟通的秘诀

　　以团队作为基础单位的运营，其成功与否主要依赖于沟通。麦肯锡有着许多内部沟通的方法，如会议、备忘录、电子邮件等。对于麦肯锡的咨询顾问来说，高效的沟通可以填补自己在专业领域上的空白，可以获得客户、行业专家的知识和经验。

传递信息，使信息流动起来

在团队发展的过程中，信息的流动有着十分重要的作用，就像汽油对汽车的作用一样。要想使团队工作更有效率，就要保持信息的畅通。

对于咨询公司来说，确保团队中的每个成员都了解一个项目的项目框架，尤其是重大的项目是十分有必要的。使信息流动起来，有助于成员了解自己的工作对最终目标的意义；反之，成员的士气就会受挫。

通过沟通使信息流动起来

一般来说，公司的内部沟通有两种基本方式：一是通过备忘录、电子邮件或语音信箱等形式来传递信息；二是通过开会，公司内部的信息会完全地流动起来。

公司内部的会议是把团队紧密联系在一起的黏合剂。团队会议能够使有益的信息充分流动，并提供某种程度上的社会联系。开团队会议，可以提醒大家，每个人都是团队中的一员。

苏珊娜·托思尼曾在麦肯锡担任项目经理一职，她认为会议成功的关键是确保每个人都能参与，使团队会议成为每个人日常工作的常规项目。一般来说，会议的时间可以控制在45分钟左右。

苏珊娜认为，会议议程和领导人是会议成功的另外两个因素。开会时，要保证项目的议程少一些，这样可以使每个人都了解到重要的事件、观点及问题等。如果你是会议的领导人，要保证对会议内容的讨论简明一些，不要太烦琐。

另外，还有一种团队内部沟通的独特方式，即通过"走来走去"来学习。在公司里，很多谈话都产生于偶遇，偶遇的场所很多，例如：走廊里、食堂内、饮水机旁等。在麦肯锡或者在客户的公司里，可以到处走一走，这样能创造很多与人交流的机会。在相互交流的过程中，你会有很多收获。

无论选择怎样的方式与团队中的成员沟通，都应该尽量使交流变得频繁。交流的过程中，大家一定要坦诚相待。通过交流，可以提高团队的士气，提高工作效率。

有效信息的特征

一般来说，有效的商业信息具有三个特征，即全面、系统、简洁。具有这三个特点的信息，能够通过备忘录、电子邮件及语音留言等方式得以有效的传播。

一条信息，往往是一份汇报的缩影。简洁的信息，内容包括受众需要了解的基本要点。全面的信息，内容包括受众需要了解的所有要点。系统的信息，即信息本身具有一定的结构，能将要点清晰地传递。

1. 有效信息具有全面性

所谓全面性，就是保证所传递的信息应包含受众需要了解的每件事，别给受众留有悬念。比如，作为下属，不但要让你的上司知道你正在做什么工作，还要告诉他你目前在工作中遇到了什么问题，这样，大家可以一起商量一下解决办法。

2. 有效信息具有系统性

如果想让别人充分理解你的信息，就要使你传递的信息系统化。信息内容具有结构，接收信息的人会更容易理解。即使只是一封电子邮件或只是30秒的语音留言，也要具有结构。

下面列举一条比较系统化的信息：

我们的家具价格过高，是因为我们的销售团队办事不力，以及我们的家具厂刚刚遭到意外的破坏。

3. 有效信息具有简洁性

许多职业人士都能够写出简短的备忘录，传递简洁的信息。如何传递简洁的信息呢？如果想录一段简洁的语音留言，在说之前就要进行思考。尽量把信息缩减到三四点，内容涵盖受众需要知道的要点。在发语音之前，可以把相关信息的要点先写在纸上。

在商业运作中，使信息流动起来至关重要，尤其是在企业内部。上下级之间、同级之间、团队成员之间，都需要以信息作为沟通的桥梁。

收集有效信息

占据大量的有效信息是分析问题及找出解决方案的论据。获取客户公司的信息，是有一定规律可循的。

麦肯锡公司有一套收集信息的流程，值得借鉴。具体流程如下：

1. 掌握收集信息的目的

收集信息前，需要考虑以下几个问题：

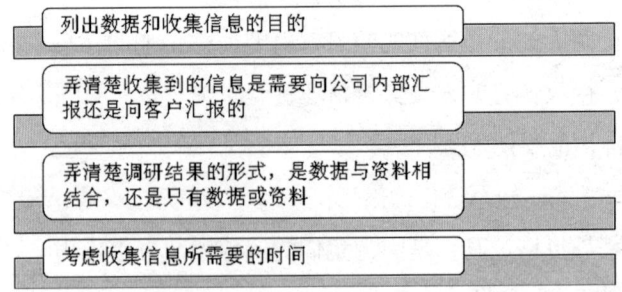

2. 明确收集信息的背景

明确收集信息的背景，然后列出关键点并向受访者详细了解一下。

3. 明确信息的具体来源

熟悉了信息的来源，就可以提高收集信息的质量和效率。下面介绍一下明确信息来源的做法：

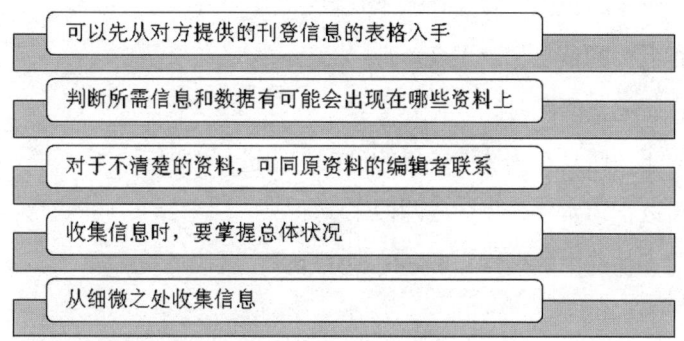

可以先从对方提供的刊登信息的表格入手

判断所需信息和数据有可能会出现在哪些资料上

对于不清楚的资料，可同原资料的编辑者联系

收集信息时，要掌握总体状况

从细微之处收集信息

麦肯锡收集信息的技巧

麦肯锡公司在高效收集信息方面也有很多技巧值得借鉴。主要有以下几个技巧：

1. 制定高效的工作流程

要在规定的时间内收集信息，并根据信息制作出分析报告。

2. 灵活掌握定量信息与定性信息

定量信息是指用具体的数据表现内容的信息，而定性信息是指单纯用文字来表现内容的信息。

3. 找出有利的信息

从公开信息中找出有利于解决问题的信息。

4. 找准搜索信息的关键词

搜集信息时，应找准搜索信息的关键词。通过关键词搜索信息，往往开始时难以找准关键词，要多试一些关键词，才能找到准确的信息。

5. 养成收集信息的习惯

平时要养成收集信息的习惯。例如：记笔记、与不同行业的人沟通等。

6. 记笔记

麦肯锡的咨询顾问收集信息时，会携带笔记本等工具。这样，收集信息的工作会更顺利。咨询顾问能够向客户展示他们工作的专业性和严谨性。

通常情况下，记笔记要注意以下几点：

（1）把有用的信息记录下来。

（2）在记笔记的同时，进行思考。

（3）对于一些具有创造性成果的论据，要进行整理。

（4）可以把事实和意见分成两段来记录。

（5）对于访谈中的疑问，要随时记录下来。

运用"知、感、行"进行沟通

商业领域中，简明扼要且行之有效的沟通方式更受欢迎。运用"知、感、行"的方法可以实现有效沟通。"知、感、行"是麦肯锡公司推行的简单、有效的沟通方式。一般来说，经过一段时间的训练，你就可以运用这种方式在不断变化的环境中与他人顺利地沟通。

"知、感、行"是一种简洁而高效的沟通模式

日常工作中，你每天都要面对许多人，而且还要与他们进行沟通。他们随时能够决定是否接受你的意见或采取相应的行动。一般来说，别人往往只会给你很短的时间讲述，如果人家对你说的话不感兴趣，那么机会就会消失。

很显然，毫无重点、语无伦次的谈话，会给你的工作带来很多障碍。在与客户沟通时，如果客户对你的谈话内容难以理解或是无法接受，那么客户会认为你是一个逻辑不清晰的人。

　　所以，你应该有意识地训练"知、感、行"的沟通能力。和别人谈话时，要突出重点，以便迅速打动对方。在快节奏的工作环境中，最好采用这种沟通方式。具体来说，你要运用精简、浓缩的沟通方式，使沟通有侧重点，避免浪费处理问题的时间。

　　麦肯锡公司把和客户的沟通过程浓缩为"知、感、行"三个字。那么，这三个字分别代表什么含义呢?

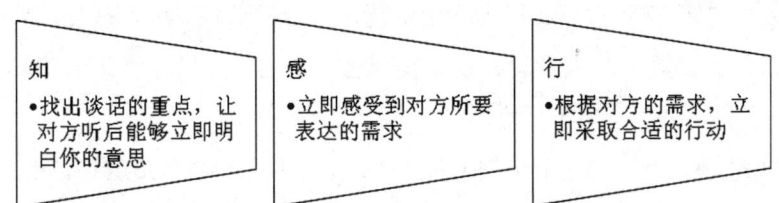

　　在实际的工作中，"知、感、行"的沟通模式能够产生良好的效果。因为，通过这种方法能够快速地把自己的思想传递给对方。大多数员工都不乐于接受领导喋喋不休的训话，如果领导可以采用"知、感、行"的沟通模式与员工沟通，员工会更容易接受。通过"知、感、行"的沟通模式，可以创造出良好的对话氛围，有效传递信息。

训练"知、感、行"的沟通模式

　　训练"知、感、行"的沟通模式时，首先，要把这三个字的具体含义记清楚。然后，采取这种模式训练自己的沟通能力。你最终要达到这样一个训练目标——在任何情况下，都可以迅速地把意思表达清楚，让对方明白。

　　具体的训练方法如下:

　　第一，在清晰地表达自己的要点之前，要先弄明白对方的需求点。这样，你才能对症下药，让对方认真倾听你所表达的观点。

　　第二，表达完成以后，要让对方产生想要发表想法的意愿。然后，你可以把对方的想法记录下来。需要注意的是，你不可以命令对方表达个人感受，但可以影响对方的情绪。

第三，表达完自己的想法以后，应促使对方有所行动。当然，这并不是以命令或强迫对方去行动，而是通过你的表述潜移默化，指引对方采取行动。

如果经常运用"知、感、行"进行训练，时间久了，你就能很自然地进行换位思考。如果能够站在对方的角度去思考，你就会了解对方想要听到什么内容，想在什么样的情景下沟通。然后，你就能根据对方的需求来组织语言，表达出你自己的观点。

运用"知、感、行"，只需三个步骤，实施起来很简单，并且效果明显。对于一些工作繁忙的人来说，要经常与客户沟通，如果能够采取"知、感、行"的沟通方式，会事半功倍。

"知、感、行"的三个步骤十分严谨，如果长期训练，就会使你形成一种习惯。把这个简单的沟通方法运用好，你就可以在商圈打造出良好的人际关系，赢得同事、客户的信任和支持。

访问调查，获取有价值的信息

在着手解决各种各样的问题时，逻辑思考是必不可少的。然而，在逻辑思考之外，还应进行调查，访谈就是调查问题的一种有效方式。在麦肯锡的工作框架中，访谈具有十分重要的作用。

麦肯锡特别重视访谈，这一点从麦肯锡的招聘工作就可以看出来。麦肯锡的招聘工作，基本上都是以访谈的形式展开的。

如何对求职者进行访谈，艾森·拉塞尔是这么看的：

由于麦肯锡公司对待招聘工作过于认真，所以在招聘这方面动用了许多资源。譬如，每一所名牌商学院都有它自己的麦肯锡顾问团队负责此项工作，他们完成这项工作有专项经费。这种经费高到这种程度——从纽约派四个顾问去费城，让他们在城里最好的宾馆待上五天，带着数十个MBA去价格不菲的豪华餐馆用餐。并且，团队的项目经理要全力以赴地进行招聘工作。按照麦肯锡每小时的收费标准，这意味着很大的机会成本。

通过上面的事例，可以看出：麦肯锡十分看重招聘工作，愿意在这方面投入很多资源。

麦肯锡解决问题的流程中，访谈是收集信息的一个重要方式。通过访谈，可以收集到有效的信息。访谈是麦肯锡项目推进过程中的一项重要工作。

对访谈工作这样下功夫，麦肯锡的目的主要是为了给受访者留下一个良好的印象。然而，访谈的主要目的，是为了获取信息、了解问题。为达到这个目的，就要确保访谈的有效性。因此，麦肯锡的工作者十分重视访谈工作如何展开。

麦肯锡每个咨询项目中都会有专人负责访谈工作，而且会进行多次访谈。对于麦肯锡的咨询顾问来说，通过访谈可以填补自己在专业领域上的空白。咨询顾问可以通过与客户、行业专家以及竞争对手的访谈学到知识。

麦肯锡公司的访谈流程

如果想在访谈中获取有价值的信息，就要掌握一些技巧。下面介绍一下麦肯锡公司的访谈流程：

1. 准备一份客户访谈提纲

访谈开始之前，要准备一份客户访谈提纲。由于客户的级别不同，所以，针对不同的客户，要准备不同的访谈提纲。根据提纲的内容，记录准备提出的问题，并且将问题的先后顺序整理好。

准备访谈提纲时，要考虑两个层面的问题：首先，要明确知道所问的问题是什么，按照任意顺序将它们记录下来；其次，通过这次访谈，要明确你真正需要获得的是什么。定义访谈的目的，这有助于你将问题按顺序排好，并且对其进行正确的表述。

2. 提前了解受访者的一些信息

提前了解被访者也是有益处的。麦肯锡的很多客户都是世界"500强"，或者是知名企业的高管。如果咨询顾问访问的是一位很挑剔的CEO，那么就不能准备特别敏感的问题，否则会影响访谈效果。

3. 从简单的问题问起

访谈开始后，要先从普通的问题开始问起，不要一开口就针对具体问题进行提问，例如：你的职责是什么？你在这家公司工作多久了？要先问一些平和的问题，如行业概况等。这样，受访者相对容易进入访谈的状态，咨询顾问和受访者之间可以建立信任、和谐的关系。当然，如果受访者特别忙，咨询顾问就可以直接就具体问题进行提问。

4. 加入一些知道答案的问题

访谈的过程中，可以适当加入一些已经知道答案的问题。这样，有助于判断受访者提供信息的真实性。另外，有些问题的答案可能很多，如果能够提前得知问题的多种答案，有助于咨询顾问开阔自己的思路。

5. 进入访谈尾声

问完所有问题以后，可以问问被访者是否还有什么想告诉你的。一般情况下，被访者会告诉你："没有了。"当然，你偶尔会有意想不到的收获。要知道，被访者比你更了解他们的公司，因此你可以通过被访者了解很多的情况。

访谈中要注意引导

访谈技巧方面，麦肯锡的咨询顾问接受了大量的培训。他们学会的第一件事情是"让受访者知道你一直在倾听"。在谈话的过程中，他们会使用一些口语，例如：是的、明白了等。通过这些口语，可以向受访者表示你在倾听，也给对方调整的机会。

麦肯锡的咨询顾问还善于使用肢体语言去表达。如在与受访者的谈话中，他们会时不时地点头示意，表示理解。

除此之外，咨询顾问还会边听边做记录。即使受访者喋喋不休，他们也会拿出纸和笔做记录。做记录也表示他们在倾听。

麦肯锡的咨询顾问进行访谈，是想要了解别人的信息。咨询顾问是去洗耳恭听的，而不是侃侃而谈的。

想要从他人那里获得信息，就要让他人感觉到你在倾听，并且对他的谈话内容十分感兴趣。访谈时，学会使用正面的肢体语言，并且学会做记录。

麦肯锡成功访谈的策略

麦肯锡公司的创始人詹姆斯·麦肯锡以身作则，带领麦肯锡员工不断地在实践中总结，根据访谈对象的表现进行分析，开发出了一套行之有效的访谈策略。这套策略符合社交逻辑，使咨询顾问在访谈过程中抢占先机、掌握主动权，并且实现访谈目的。

1. 在受访之前，麦肯锡团队会采取措施使受访者意识到访谈的重要性。一般情况下，麦肯锡团队会先通知受访者的领导，然后让领导转达访谈任务。如此一来，受访者就不会敷衍了事了。

2. 进行访谈时，咨询顾问最好两个人一组，这样可以相互配合。一般情况下，一个咨询顾问与客户进行一次有效的访谈不容易。一个人，要提问、倾听、记录，可能会忙中出错。所以，两个咨询顾问一组，可以与客户进行有效的访谈。两个人相互配合，一个人负责提问，另外一个人负责记录，访谈效果会非常好。

3. 访谈的过程中，要多倾听。进行访谈的主要目的是收集有效的信息，倾听是获得详尽信息的有效方法。不要一直用自己的思路去引导访谈者，要让访谈者自己吐露一些对自己有价值的信息。

4. 对于一些关键的问题，要多复述答案。麦肯锡经常会对员工进行培训，用不同的方式复述问题的答案。很多受访者在谈话时缺乏条理，主次不分。咨询顾问复述受访者的答案，可根据受访者的答案再次组织语言，不断复述答案，也给了受访者补充重要信息的机会。

5. 采用"旁敲侧击"的方式向受访者提问。在访谈时，要关注受访者的感受。如果问题过于刁钻，会引起受访者的反感。所以，委婉地问受访者一些问题更妥当。

6. 一次不要问太多问题。麦肯锡的客户会要求麦肯锡解决一些商业领域的难题。麦肯锡的咨询顾问和客户沟通时，一次不能问太多的问题，否则会影响客户配合的积极性。

7. 访谈时采用考伦波策略。考伦波是 20 世纪 70 年代美国流行电视剧中的一位神探，这位神探有一个策略，即在询问嫌疑人时，先假装对嫌疑人的询问已经结束，然而，在离开之时，突然转身询问一个很重要的问题。这时，嫌疑人已经放松了警惕，所以非常容易问出真实的答案。他的这个策略被称为考伦波策略。

对于麦肯锡的咨询顾问来说，在一些访谈中可以采用考伦波策略。采用这个策略，往往能得到最想要的信息。

尊重受访者的感受

对于普通人来说，被别人采访一些关于自己的公司及工作方面的具体问题，这是一件让人感到紧张不安的事。

麦肯锡的一位咨询顾问和他的项目经理一起去采访一位大型制药公司的中层经理，当时他们要协助这家公司进行重组。这位经理已经在该制药公司工作了近 20 年，他害怕丢了自己的工作，所以，当咨询顾问走进他的办公室时，他十分紧张。自我介绍之后，他问咨询顾问是否需要咖啡。他的书柜上有个咖啡壶，他去取咖啡壶，准备倒咖啡，却倒不出来，他的手抖得很厉害。接着，他把咖啡壶放下，又试了一次，然而，咖啡还是倒不出来。后来，他用杯子的边缘顶住咖啡壶，才把咖啡倒出来。

通过上面的事例，可以得知：访谈会使受访者感到不安。作为采访者，是要调查商业问题的。你要明确你自己代表着什么，该做些什么。例如：有一个公司出现了问题，店面的经理奉其上司之命接受你的访谈。你应该有一种职业责任，尊重别人的焦虑，并且去消除别人的焦虑。

要尊重受访者，提问的问题，不要涉及受访者的个人隐私。访谈结束时，不要让受访者觉得没面子。

写感谢信

访谈完以后，回到办公室，可以花点时间给受访者写一封感谢信。这样做显得很有礼貌，而且你还可能会有意想不到的收获。

麦肯锡的一位咨询顾问，要采访一家农产品公司的高级销售主管，该公司地处美国中部地区。咨询顾问打电话告诉对方自己来自麦肯锡，需要做一个小时的访谈，受到了对方热情的欢迎。那位销售主管说："快来吧！"经过长途跋涉，咨询顾问到了客户的公司，该公司的销售主管给他看了一封用麦肯锡的信封寄来的信，这封信来自15年前麦肯锡的另外一名咨询顾问，信中的内容主要是感谢这位销售主管接受了自己的采访。这封信与销售主管的学位证书都被挂在了办公室的墙壁上。

通过上面的事例，可以得知：写感谢信是一种有礼貌的行为。有了这种礼貌的行为，就能与客户建立长期的交往。

善于交流，每一步都有目标

对于客户的问题，无论咨询顾问提出多么富有见解的解决方案，都难以对客户施加预期的影响。所以，与客户的交流很重要。

交流是增进了解、发挥能量及促成行动所采取的方式，是观察、理解、交换看法及说服对方的能力，这些对于为客户争取利益是至关重要的。

对于咨询顾问来说，能否成功完成一个项目，取决于个人理解能力、敏感程度、与同事及客户交流的能力及解决问题的洞察力。与客户交流，要考虑很多问题，例如：公司文化、民族文化、管理文化等。

麦肯锡咨询顾问与客户交流的几个阶段

麦肯锡的咨询顾问与客户交流，可以分为以下五个阶段：

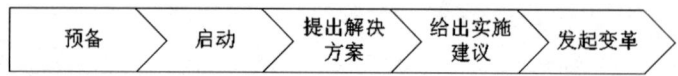

1. 预备阶段

预备阶段，要做好准备，了解需求。在这个阶段，交流的目标通常是对客户需求的理解，并准备进行进一步了解。

这个阶段，尽管咨询顾问很少与客户有直接的联系，但是客户可以帮其为以后的分析工作打下基础。咨询顾问可以先把公司或行业分析的结果汇总一下。咨询顾问要建立对客户的认识，为进一步的了解做准备。

这个阶段，与客户交流时，要倾听客户的问题、概念、需求、利润点、预想、阻碍、期望等方面的内容。咨询顾问应表达自己的经验、能力、兴趣及认真程度，针对解决方法、影响、资源及人员配置等提出建议。

另外，还要探讨项目建议书。咨询顾问要演示项目建议书的关键事宜、目标、项目范围、方法、人员配置、时间安排及利益所在等方面的内容，同时要给主要客户发送信息，说明相关利益所在及费用等。

2. 启动阶段

启动阶段，要建立和谐的关系，工作有序。在这个阶段，需要建立和谐的关系，使工作有序化。

这个阶段，广泛意义上的交流发挥着关键作用。咨询顾问要了解客户的顾虑、偏好、交流方式、行事方式等。对客户有了一定的了解，团队就可以理解客户的顾虑，并且制订出针对客户的项目计划书。计划书的一部分就是交流的策略，要确保客户在项目中的参与程度，解决方案要符合客户利益至上的原则，并且切实可行。

这个阶段，与客户交流时，要了解客户需求、文化和历史，找出关键人物，例如：掌握大量信息的人、有决策权力的人。还要召开项目启动会，会见客户团队成员。使用项目启动会的材料，包括分发的材料、日程安排、预备会议备忘录及演示用幻灯片等。

这个阶段，与客户交流要讲究策略，下面介绍几条策略：

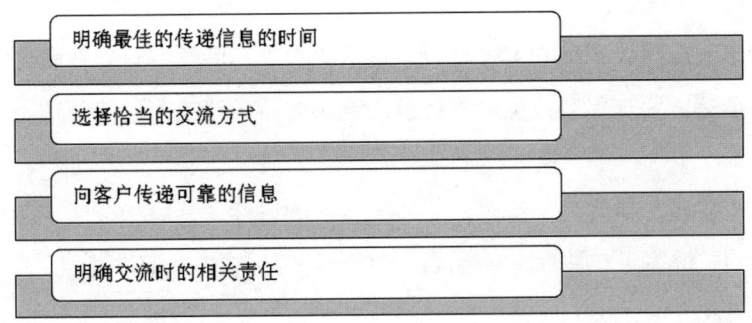

明确最佳的传递信息的时间

选择恰当的交流方式

向客户传递可靠的信息

明确交流时的相关责任

3. 提出解决方案

建立理解，达成一致。在第三阶段，咨询顾问面临着潜在的风险交流，可能会被大量的数据分析弄得焦头烂额。在这个阶段，咨询顾问需要收集并消化大量的信息，这样，往往会忽略了与客户的交流。

这个阶段，如果咨询顾问没有通过一系列的方式与客户交流，那么就难以与客户建立相互信任、相互理解的关系。这样，即使分析问题很到位，也难以进行变革，也难以让客户参与到项目中。

所以，团队要做出客户至上并切实可行的解决方案，尤其需要成员之间进行深入的探讨，使团队与客户的意见一致。

下面介绍一些达成一致意见的方法：严格筛选事实数据；将精力集中在问题的答案上；牢记赖以解决问题的客户背景；尊重对于变革的抵制意见；注意聆听。

所有方法中，聆听是达成一致意见的关键要素。通过仔细地聆听和观察，能够获得有用的观点。

这个阶段，咨询顾问有很多与客户交流的机会。例如：给秘书打电话安排会面；同客户的团队成员进行午餐。无论采取什么交流方式，都有益于与客户交流的整体效果。

这个阶段，与客户交流时，要收集有关个人信息，识别交流策略所需的变革。与客户会面时，要提出有关收集资料的要求。另外还要同关键参与方一起检验假设，开研讨会，并且有效利用幻灯片演示。

4.给出实施建议

给出实施建议：巩固客户地位。在这个阶段，仍然要对处在变化中的观点保持敏感。要加强客户主动把握解决方案的持久感觉，以快速地进行实施和变革。

这个阶段，与客户交流时，要聆听客户的目标、疑虑和疑惑。在正式会议前，同关键参与方举行简要会议。另外，还要回顾方案演进过程。

5.发起变革

这个阶段，在项目实施过程中，要帮助客户预测棘手的事情并保持动力。最终，要由客户实施变革。

在这个阶段，与客户交流时，要讨论后果、时间安排、潜在障碍、解决方案，要开研讨会，还要在整个组织内协助交流。

交流的步骤

你每天都要进行一些小型的交流，例如：向秘书解释一项任务；向客户讲述你通过分析得出的结论；针对科研方面的问题，与信息部门的人员进行交流。这些交流往往按照下面的步骤进行。

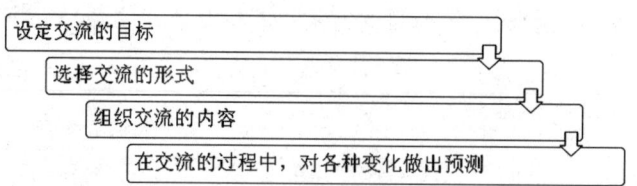

1.设定交流的目标

交流的目标，主要是通过交流影响听众的思想和言行。在设立现实的交流目标之前，应确保想要传达的信息在你的脑海中十分清晰。另外，还要分析听众的特点及他们对这些信息的反应。

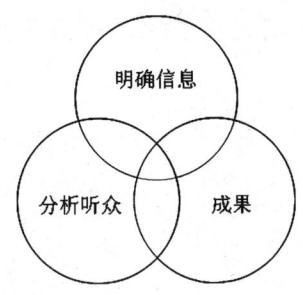

2. 选择交流的形式

交流的方式和交流的场合有很多选择，例如：在用餐时与同事、领导或客户方的人进行交谈；在会议上，大家相互交流；在公司走廊里，和同事交流。

3. 组织交流的内容

确定了交流的目标及交流的形式以后，就要组织交流的具体内容。交流的具体内容包括：向下属交代一项具体的任务；针对科研方面的问题，与相关部门的人员进行交流；向客户讲述你的结论等。

4. 预测交流中的变化

根据客户的观点，你在一定程度上会预测出他可能会提出什么问题。在书面交流中，你可以把问题和答案一同放入全文的结构中。在口头交流中，当问题被提出来以后，你可以马上回答，也可以让对方稍等片刻。

总而言之，善于交流，才能获得客户的信任，与客户建立良好的合作关系。而与客户交流，也需要掌握一定的技巧。

第七章

点燃头脑风暴

　　头脑风暴法又被称为智力激励法，这是一种激发创造性思维的方法。展开头脑风暴会议，参与者可以在自由的氛围中畅所欲言，交换彼此的想法。

未雨绸缪，做好头脑风暴前的准备

作为团队的领导者，可以提前进行一番头脑风暴——不仅仅是提出一个初始假设，而是集思广益，形成项目解决方案框架下的初始假设集。之后就可以快速淘汰掉那些不切实际的假设，给团队更多的时间在那些合理的假设上面。这种方法可以使你的头脑风暴更切合实际。

领导者要未雨绸缪

参加头脑风暴会议之前，要做好充足的准备，对研究的问题有所了解。对于领导者来说，在开展会议之前，你要保证团队里的每个人都了解你所知道的事。你要把你所研究的问题放在麦肯锡人所谓的"基础数据文件"中，为你所发现的关键数据和关键点做摘要。然后，把这份摘要给团队成员传阅与分享。作为团队的领导者，你要保证所有成员把他们的研究放进这个"基础数据文件"中。

做基础文件，并不需要有详细的结构，只要考虑一下有哪些重要问题及如何进行表述即可。一旦团队中的所有人都阅读了基础数据文件，在生成观点的过程中，大家就有了共同的事实基础。

对融汇了团队总结的基础数据文件，麦肯锡人有两种看法。一种看法是：自己熟悉问题及数据的梗概，不建议在讨论开始之前就形成观点。另外一种看法是：从假设开始，避免浪费时间四处寻找观点。从某种角度来说，这两种看法都是正确的。如果能够想出一个假设，这非常好。如果你是团队的领导者，更应该先想出一个假设，别直接进会议室说："这是答案。"领导者可以这样说："我认为事情也许是这样的。我们一起推敲这个假设吧！"

头脑风暴会议前的准备工作

展开头脑风暴会议前，要明确主题。应提前将会议主题通报给与会人员，给与会人员充足的时间做准备。

另外，在展开会议前，要选好主持人。主持人应熟悉并掌握头脑风暴法的要点和操作要素，弄清楚主题现状及发展趋势。

参与头脑风暴法的会议人员，应有一定的训练基础，了解会议提倡的方法和原则。

在展开会议前，可以进行柔化训练。对于缺乏创新的锻炼者，要鼓励其打破常规思维，转变思维角度，减少惯性思维，从单调的工作环境中解放出来，以饱满的热情投入到激励设想活动中。

了解头脑风暴会议的原则

展开头脑风暴会议，如果想要与会者畅所欲言，大家能够相互启发和激励，达到较高的效率，就应该严格遵循以下原则：

1. 别批判，别自谦

在会议中，对于别人提出的任何想法，都不能批判。即使你认为别人的想法是幼稚的、可笑的、荒谬的，也不要驳斥。另外，也不要出现自我批判的情况，要调动积极性，防止出现消极的语句。尽量不要让"这行不通""这想法太陈旧""这不可能""我有一个不成熟的想法"等消极的语句在会议中出现。这样，所有与会者都能放松心情，在别人设想的激励下，集中精力开拓思维。

2. 集中目标，追求设想的数量，设想越多越好

可以说，会议的主要目标就是谋取设想的数量。

3. 鼓励自己利用并改善别人的设想

每个参与会议的人，都要鼓励自己去利用并改善别人的设想。可以从别

人的设想中得到启示，也可以补充别人的设想。另外，还可以将别人的多个设想综合起来，提出新的设想。

4. 与会人员一律平等

与会人员，无论是该方面的专家，其他领域的学者，还是该领域的外行，大家一律平等。对于与会人员提出的各种设想，无论是否合理，大家都要认真地将其记录下来。

5. 要主张独立思考

每个人都有自己与众不同的思维方式，进行头脑风暴，大家尽量不要私下交谈，这样每个人才能进行独立的思考，脑洞大开，充分发散自己的思维，不至于受到其他人思维方式的影响。

6. 提倡自由发言

在会议中，每个人都可以畅所欲言。头脑风暴会议提倡自由发言，所以大家可以充分发挥自己的想象力。

7. 别过分强调个人成绩，要以小组的整体利益为重

大家要创造民主的环境，不要因为多数人的意见而阻碍个人新观点的产生。

头脑风暴法的设想

要成功实施头脑风暴法，开展头脑风暴会议，就要了解各种设想。设想一般分为两类，即实用型和幻想型。

1. 实用型设想

实用型设想是指如今技术工艺可以实现的设想。要想完善实用型设想，就要用脑力激荡法进行论证及二次开发，从而进一步扩大设想的实现范围。

2. 幻想型设想

幻想型设想是指如今的技术工艺还无法完成的设想。针对幻想型设想，要用脑力激荡法进行开发。通过进一步的开发，就可能把创意的萌芽转化为成熟的实用型设想。

总之，要想成功实施头脑风暴法，就要在开展头脑风暴会议之前做好充足的准备。这就像上战场打仗一样，准备好武器，才有打胜仗的可能。

实施头脑风暴法，激发创造性思维

麦肯锡公司的头脑风暴法是处理日常商业问题的重要方式。对于任何企业而言，在企业内部展开头脑风暴会议都有助于处理商业问题。

激发参与者的灵感

实施头脑风暴法，能够激发参与者的灵感。

法国有一家生产电器的公司，在面临激烈的市场竞争时，公司的负责人想出一个方法，他成立了一个"头脑风暴"小组，由十多个人组成。接下来，这位负责人把他们安排到了一个偏远的小旅馆里，使他们避免外来干扰。

第一天的训练，主要是让大家相互认识一下，并让彼此间的关系逐渐融洽。有的成员对这个安排感到惊讶，但还是迅速地进入了角色。

第二天，安排了创造力的训练，采用了头脑风暴法。他们需要解决一个问题，即发明一种具有独特新功能的电器，并为这款新电器命名。

经过两个多小时的讨论，大家给新产品取了三百多个名字，负责人暂时把这些名字保存起来。

到了第三天，负责人让大家凭借自己的记忆默写第二天想出的名字。结果，大家能够记住的名字只有二十多个。然后，负责人从这二十多个名字中选出了三个，征求客户的意见，让客户从这三个名字中选出一个。

后来，新产品刚一上市，就凭借特殊的功能和新颖的名字而受到许多用户的喜爱。

从以上案例可以看出，实施头脑风暴法，能够激发创造性思维，产生出许多新奇的想法。展开头脑风暴会议时，可以采取许多办法，以确保会议顺利进行。

头脑风暴的练习与流程

麦肯锡能够成功实施头脑风暴的关键在于做好充足的准备，以及拥有一个合理的思维框架。练习头脑风暴，主要采用下面的办法：

第一，公布意见的练习。

为每位参与者提供一本便笺纸，让他们把自己的想法写在便笺上，然后把便笺交给负责人，由负责人读给大家听。通过这种方法，可以在短时间内积累大量建议。

第二，发泄练习。

把所有参与者邀请到一间大会议室中，大家一起讨论客户进行变革的方案。然后，参与者要把方案中不喜欢的内容全部讲出来，让他们发泄一番。发泄完以后，可以让他们提出一些比较好的方案。这个练习方法有两方面作用：一方面，可以提出更好的方案；另一方面，有助于让那些之前持有怀疑态度的管理团队接受麦肯锡提出的解决办法。

要想有效地实施头脑风暴法，就要掌握开展头脑风暴会议的操作流程。严格按照流程来操作，头脑风暴会议才能顺利进行。

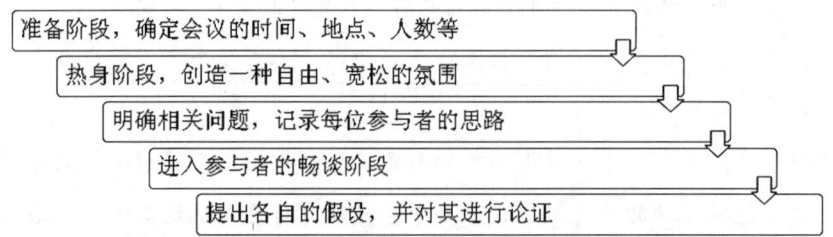

头脑风暴成功的关键是做好充足的准备，并且保持良好的心态。麦肯锡实施头脑风暴，有很多技巧。

克里斯汀·艾莉森曾在麦肯锡工作，她参加了一个头脑风暴的试验性训练项目。在此期间，她经过了下面的练习。

第一，记事贴练习。会议室的每个人都会收到一沓记事贴，大家要把想到的所有观点都写下来。每个观点写一页纸，写完以后交给领导读出来。这是一个快速生成好点子的方法，不用对每个新提出的观点展开讨论。

第二，先下手为强。克里斯汀记得一种在紧张氛围下掌控大型头脑风暴会议的方法。所有相关人员都进入一间大会议室，针对客户的变革问题展开讨论。首先他们被要求提出对计划不满意的地方。等他们发泄完以后，就让他们提出自己认为对的事情，以及能够在业务单元中应用的方法。这样做，就能产生一些我们想不出的好点子，另外还帮助之前对麦肯锡持怀疑态度的管理团队认可麦肯锡的解决方案。

麦肯锡把头脑风暴当成鲁比克魔方（由匈牙利建筑师爱尔诺·鲁比克注册专利，这是一种教学用具），将每个事实看作小立方体的一个面。只要将这些面不断进行旋转，就可以找出问题的答案，或者得出一个接近正确答案的结果。

展开头脑风暴，让全员一起去思考

实施头脑风暴的主要目标是生成新观点，因此，当团队领导者把团队成员召集起来以后，就要把已有的观点抛开，带着自己所了解的事实，找到审视它们的新方法。

假如团队成员走进会议室，说的都是一些陈词滥调，并且大家的意见一致，没有人提出新的观点，那么展开头脑风暴会议就没有意义，纯属浪费时间。而如果团队的领导者把自己的观点强加给团队成员，那么整个团队会错过想出更具创造力的解决方案的机会。

展开头脑风暴会议，其实就是一群人自由地思考。会议上，每个人都有机会说出自己对问题的看法及相应的处理办法。

给每个人发言的机会

展开头脑风暴会议，要求团队所有成员——从公司里面最高层的合伙人，到最初级的分析人员，都要参与，因为，大家聚在一起往往能够想出更好的点子。

克里斯汀·艾莉森所在团队的高级项目经理召集所有成员进行一次头脑风暴。当所有人员赶到时，高级项目经理说："请安静，看一看我如何在这个白板上完成对这个问题的分析。"然后，在接下来的一个小时里，大家就坐在那里看项目经理独自演示自己的观点。项目经理这样做，或许具有启发意义，但这并不是头脑风暴。

许多人一起动脑筋思考问题，问题就能迎刃而解。进行头脑风暴并不是一个人的独自演讲，而是大家都要提一提自己的观点，从中找出最恰当的一种。麦肯锡的头脑风暴会议中，没人会害怕讲出自己的观点。从高层领导到底层的员工，大家在头脑风暴会议中完全没有职位等级之分，每个人都有发言的机会。

一个人的思想，是单一的，许多人的思想集中在一起，会创造出更加新颖的想法。当每个人都可以自由地思考时，往往就会挖掘出大脑深层次的想法，说出更好的点子。

成功进行头脑风暴的准则

想要成功地展开头脑风暴会议，就要遵循一些准则：

1. 没有坏主意

召开头脑风暴会议时，每个成员都要敢于发表意见，不要担心别人说自己的意见是"坏主意"。有什么想法都要说出来，即使你提出的意见很一般，大家也可以讨论一番，也许讨论过后就会被大家认可了。

2. 没有不值得回答的问题

对于头脑风暴会议中的任何问题，都要考虑其价值，要敢于对事物本身或做事情的方式刨根问底，对于一些看似非常简单的问题，也不要低估对其进行探究的价值。

3. 学会忍痛割爱

无论你的想法有多奇妙，如果不能在会议结束前成为答案的一部分，那么你就要忍痛割爱，把你的假设视为投进头脑风暴搅拌机中的一种原料。可以把你的假设交给其他成员，让他们去推敲一番，不要在你自己的假设上投入太大的热情。

4. 在合适的时间说合适的话

头脑风暴会议是需要花费时间的，但是会议的时间不宜太长，否则收益会下降。调查发现，麦肯锡的工作人员可以接受的头脑风暴会议时间为两个小时。

如果需要开一整天的会，团队领导人可以适时说一些玩笑话，活跃一下气氛，除了吃饭、上卫生间以外，还可以给大家一定的自由活动时间。

5. 做会议记录

麦肯锡公司的每间会议室都有白板，以及容易擦掉的记号笔，有些白板能把写在上面的东西在纸上备份下来，也可以准备便笺纸，用这种纸做会议记录。

成立专家小组

职场中的任何公司都可以进行头脑风暴。为了打造良好的创造性思维环境，可以成立专家小组。专家小组的人数以 10 ~ 15 人为宜，会议时间一般以 20 ~ 60 分钟为宜。要严格限制专家的人选，这有利于参与者把注意力集中在所涉及的问题上。

选择专家小组的成员，要遵循以下三个原则：

第一，若参选者相互认识，要从同一职位的人员中选取。

第二，若参选者互不认识，可从不同职位的人员中选取。在这种情况下，不宜宣布参选者的职称或级别。无论成员的职称或级别是高还是低，在小组中一律平等。

第三，参选者的专业最好与所论及的问题相一致。

总之，企业管理中，灵活地使用头脑风暴法，可以使大家的智慧火花最大限度地迸发出来，从而形成好的创意或方案，制订出切实可行的工作措施，找到解决疑难问题的办法。

"三个臭皮匠，顶个诸葛亮"

实践表明，真正有天资的发明家，其创造性思维能力比平常人要高。对于天资平常的人来说，如果大家能够相互激励，相互补充，引起思维"共振"，往往会产生非同凡响的新创意或新方案。从某种角度来说，中国人说的"三个臭皮匠，顶个诸葛亮"，其实就是头脑风暴法的"中国式"译义，也就是集思广益。

组织会议是一种集思广益的办法，但并非所有形式的会议都能达到让人畅所欲言的效果。因此，开展头脑风暴会议是有效的集思广益方法。

公司里的每个员工都有着巨大的创造潜力，优秀的领导者要懂得如何发掘和运用员工的潜力。

对于领导者来说，在日常的管理工作中，常常会遇到一些棘手的事情，往往难以想出最恰当的解决方法。在这样的情况下，就可以听一听广大员工的意见，尝试通过头脑风暴法来解决一些问题。这样，可以充分调动起员工管理的积极性，从一定程度上减少决策的失误。

在具体操作时，领导可以给员工创造机会，在员工不经意间提出需要讨论的话题。领导要鼓励员工大胆地发言，使一些新想法在讨论中迸发出来。一般来说，在热闹的环境中，当一个人看到别人发表新奇的意见时，潜意识被唤醒，大量信息充斥着大脑，很多奇思妙想就会涌现出来。在这样的情况下，大家会积极地把自己要说的话说出来。场面越激烈，争着发言的人就会越多。发言的人越多，形成的点子就会越多。形成的点子越多，就很容易形成一个好的方案。

头脑风暴法可以在正式的场合中进行，也可以在相对自由的非正式场合中进行。一般来说，非正式场合更利于人们畅所欲言，大家可以大胆地发言。在无意识中，会形成一些创意或方案，经过研究或论证，会逐步形成一系列经得起检验的成果。

在古代，人们会采用木棒敲打的捣衣法。在洗衣机诞生之前，人们都是用传统的手工方法洗衣服。其实，洗衣机的诞生就来源于一次头脑风暴会议。

洗衣服的主要原理，是通过旋转将衣服上的污物与衣服分离。然而，发明洗衣机之前，没有现成的模式，没有思路。

为了让思路变得更加开阔，头脑风暴会议开始后，主持人并没有让大家讨论如何洗衣服，而是让大家讨论如何让物体与物体分离。

有人认为，轮船驶离码头，轮船与码头之间就分离了。有人认为，流水可以冲走砂粒，留下更重的石子。有人受到了启发，提出了一个原理，即水旋转时会产生漩涡，把物体漩到中间。

接下来，有人提出，如果使用化学洗涤剂，就能够把油脂从物体的表面去除，油脂与物体便会分离。

就这样，思想的火花越碰撞越多，好点子接踵而至。会议的记录人员将这些突然爆发出的点子记录了下来。

在此次头脑风暴会议中，参与者提出了许多分离方法。会议的主持人从中选出了几种实用可行的方法。就这样，现代洗衣机的雏形，在一次普通的头脑风暴会议中诞生了。

通过上面的案例，可以得知：集体的智慧是无穷无尽的。当许多人的智慧碰撞在一起时，就会出现很多好点子，可能会有新的发明与创造产生。

实施头脑风暴法，参与者提出的方案越离奇越好，这样可以激发大家的灵感，使解决问题的思路逐渐清晰。在大家想出许多创意以后，管理者要对这些创意进行筛选，最终形成可以实践的最佳方案。

驾驭头脑风暴，创造新观点

日常生活、工作中，遇到了问题均可采用头脑风暴法。大家集思广益，发散思维，每个参与头脑风暴会议的人，都可以大胆地说出自己的意见。最终，大家可以找到最恰当的解决方案。

美国的北方，寒冬季节常常大雪纷飞。由于经常下雪，电线上面很容易积满冰雪，这些冰雪会把电线压断，从而导致通信线路瘫痪。曾经，有许多企业试图解决这个问题，但都失败了。后来，一家电信公司的负责人尝试用头脑风暴法来解决这个问题。

这位负责人召开了一场头脑风暴会议，不同专业的技术人员都参加了此次会议。会议开始后，大家提出了各种解决问题的方案，例如：通过电加热的方式使冰雪融化；设计一种专用的电线清雪机；采用振荡技术清除电线上面的积雪；还有人提出，可以乘坐直升机，在飞机上面用大扫帚清扫积雪。

许多人都认为在直升机上用扫帚清扫积雪的方式有点滑稽。然而，有一位工程师根据这个意见找到了灵感。他设想：直升机能沿着积雪厚重的电线飞行，然后，依靠高速旋转的螺旋桨把电线上的积雪扇落。他提出这个想法以后，引起了其他工程师的联想，与会的十多名技术人员很快便提出了几十条新设想。

头脑风暴结束后，公司组织专家对设想进行分类论证。专家们一致认为，"利用直升机螺旋桨扇雪"是个大胆的方案，简单而高效。后来，经过试验，利用直升机螺旋桨扇雪的效果很好。这个困扰大家很久的难题，在头脑风暴会议中得到了解决。

头脑风暴的主要目的，就是创造新观点和新想法。上面的事例，使我们了解到，头脑风暴法的实施，需要很多人的支持。选出参加会议的人以后，只要大家遵守实施头脑风暴的原则，最终就能解决问题。

实施头脑风暴法的原则

对于任何企业来说，遇到了难以解决的商业问题，都可以实施头脑风暴法。实施头脑风暴法应遵守以下原则：

1. 庭外判决

庭外判决原则，就是延迟评判原则。该原则的主旨是：对各种意见、方案的评判要放到最后阶段。在此之前，不可以对别人的意见提出批评和评价。

2. 自由畅想

参加会议的人员可以各抒己见，大家要创造一种活跃的气氛。每个人都要充分地放松，在会议中可以提出各种想法，哪怕是一些特别荒诞的想法。

3. 以量求质

头脑风暴会议中，大家一定要多提意见。把大家的意见集中起来，意见越多，产生好意见的可能性越大，这是获得高质量创造性设想的关键。

4. 综合改善

除了提出自己的设想之外，还要鼓励别人对自己的设想进行补充、改进。参与会议的人，在发表意见时，要相互启发、相互补充和相互完善，这是智力激励法成功的关键。

5. 一律平等

参加头脑风暴会议的所有人，无论是专家，还是外行人，大家一律平等。

6. 求异创新

会议记录人员，要将所有参加头脑风暴会议的人员的设想完整地记录下来。

7. 独立思考

所有参加头脑风暴会议的人，不得进行私下交谈，以免影响彼此的思维。

8. 追求整体

参加头脑风暴的成员构成了一个整体。虽然每个人都有独立的思维，但是每个人都要在头脑风暴会议中把自己的想法说出来，然后大家集思广益，最终定下一个大家都认可的方案。

做一名引领头脑风暴的舵手

麦肯锡实施头脑风暴，比较重视个人的言论，轻视领导的权威，极为崇尚偶然之间产生的联想，且杜绝那些事先进行的精密策划。实施头脑风暴法时，别强调个人的成绩，应以小组的整体利益为重。

展开头脑风暴会议的过程，强调言论自由。头脑风暴会议中，领导者应成为一名出色的舵手，掌控全局，使会议不偏离正确的方向，从而有效地进行头脑风暴。

总之，能够引领大家进行头脑风暴的人，要有丰富的经验和出色的能力，能够清晰地理解会议的目标。另外，还能掌握头脑风暴的实施原则，营造合适的氛围，善于引导大家展开思考，并且自己也能踊跃发表个人观点。也就是说，这个出色的舵手，要控制好整个头脑风暴会议的进程。

第八章

提高逻辑思维能力

　　逻辑思维指的是对事物进行观察、比较、分析、概括、判断及推理，并采用科学的逻辑方法，准确、有条理地表达出整个思维的过程。逻辑思维是麦肯锡公司分析和解决问题的基础，通过逻辑思维，可以更快捷地解决问题。

逻辑思维：闭上眼睛的思维

逻辑思维是人脑的一种理性活动，又被称为"抽象思维"或"闭上眼睛的思维"。运用逻辑思维思考问题时，每一步都要准确无误，否则就难以得出正确的结论。工作能力超强的商界精英，往往都很善于利用逻辑思维处理工作中的事务。在人际交往中，这些具备较强的逻辑思维能力的精英更善于让对方领会并接受他们的意图。

运用逻辑思维进行思考

平日的工作中，常常会遇到很多问题。许多人刚刚遇到问题时，往往会将"一时的想法"作为解决问题的策略。如果管理企业依靠"一时的想法"，或者根据以往的经验解决经营上的问题，那么会很糟糕。因为，以往的经验也许与当今的形势不符。如果不能与时俱进，还以从前的经验作为解决问题的依据，那么可能会在原有的问题上衍生出更多的问题。

因此，解决问题之前，应先运用逻辑思维进行思考，这是分析、解决问题的基础。养成运用逻辑思维进行思考的能力，可以形成解决问题的思路。对于企业而言，如果企业管理者没有正确的思路，那么就无法带领企业面对新时代的各种考验。

中国有一家著名的铅笔制造厂，有一次，这个厂的负责人看到了一篇报道，是关于国际市场石油价格将要长期下跌的报道。从表面看，油价下跌与铅笔厂之间没有直接联系。

然而，这位负责人却受到了这条信息的启发，进行了逻辑思考。他联想到工厂出口铅笔的渠道，主要是从香港转销到中东阿拉伯地区产油国家的。如果石油的价格长期下跌，这些产油国的经济状况会受到影响。这样，这些国家的进口商品也会受到影响。因此，这位负责人立即做出了改变，决定调整一下铅笔内销与外销的比例，并改进了铅笔的花色、品种及质量。

后来，在外销订单量普遍下降的情况下，这家铅笔厂却大大地提高了国内市场的占有率。

在以上案例中，正因为铅笔厂的负责人把石油价格下跌与铅笔销售之间进行了合乎逻辑的思考，充分地利用了不利因素，对销售方向进行了调控，所以才在销售方面取得了突出的成绩。

保持客观理性的态度

对于一些比较重要的工作，如果不能客观、理性地运用逻辑思维去思考，只凭着自己的直觉做判断，往往容易做出错误的判断。因此，工作时，要摆脱各种不良的情绪，理智、客观地做出判断。在某些情况下，对一些信息要保持理性、客观、怀疑的态度。

美国一家比萨外卖连锁店，有一句宣传口号：下单后半小时内即可收到新出炉的美味比萨。这句口号激发了顾客的购买欲望，因此，每次到了饭点，连锁店就有大量的外卖订单。

但是，由于该店制作比萨的数量及送餐人员的不足，经常会延误送餐时间，所以，顾客纷纷进行了投诉。

为了减少顾客投诉，该店的管理者采取了相应的措施，例如：大量增加送餐人员；提前制作大量比萨，并将其储存起来。通过这些具体的措施，使送餐延误的情况有所好转，然而顾客的投诉并没有因此而减少。

比萨店采取措施以后，因为顾客没有按时吃到新出炉的热比萨，所以投诉数量并没有减少。在超过半小时以后收到新出炉的比萨，还是在半小时之内收到之前储存起来的凉比萨，大多数顾客会选择前者。也就是说，即使多等一会儿，顾客也要吃到新出炉的热比萨。所以，要想减少顾客投诉率，就要抓住问题的关键，客观、理性地分析问题，从而采取最恰当的方式解决问题。

假设是进行逻辑思维的基础

遇到问题时，提出假设，这是运用逻辑思维思考的基础。然而，不要把假设当成结论，要对假设进行验证。如果直接把假设当成了结论，可能会出现错误，导致问题无法解决。

麦肯锡作为企业的经营顾问，会先分析行业数据和企业自身的数据，然后根据这些数据进行逻辑思考，从而做出假设。例如：如果假设某个行业处于衰退之中，该行业的成长明显放缓，那么就应该建议客户压缩投资。

需要注意的是，假设与实际结论之间有着很大区别。在这样的情况下，"行业逐渐衰退"只是做出的一种假设，并非最终的结论。因此，要先证明"行业逐渐衰退"这种假设的正确性，并为此搜集、分析各种相关的证据。在搜集、分析这些证据的过程中，往往会显现出各种问题。

通过分析数据整理出来的资料，只是假设而已。然而，大部分企业管理者会把假设当成结论，忽略了进行逻辑思考，没有搜集证据去印证假设，从而导致得出一个错误的结论。

所以，提出假设并非最重要的，帮助客户找出结论才是最重要的。要明白，提出假设就是为最终结论而服务的。为了证明假设的准确性，要收集资料，对假设进行验证，得出最终结论。由于假设有一定的局限性，所以要对假设进行反复验证。在没得到最终结论之前，就要不断寻找资料，不断验证，直到推导出假设可以变成结论为止。

突破自我，拓展逻辑思维

人往往会有一种懒惰心理，当用脑的方法形成了固定模式以后，就难以用其他方法刺激和改变自己的思维方式。在生活、工作中，有些人被称为"死脑筋"，其实就是被惯性思维束缚了。而麦肯锡公司的高层，会有意识地通过很多训练来拓展员工的逻辑思维。

区分谈话的事实和意见

麦肯锡有一个与人沟通的小技巧，即一边听对方讲述，一边把对方的话分解成事实和意见。倾听对方说话时，要把对方说的话在自己的脑海中进行事实和意见的分类，并且在此基础上询问对方为何会有这种感受，这样，就可以得到事实和意见。

有人说："公司的会议很无聊，且时间会很长。"关于这句话，我们得到的事实是，大多数会议的内容都是陈述议题，具有创新性的建议或提案很少；意见是，前面提到的事实导致会议变得很无聊。

通过与之对话可以得知，会议时间的长短并非根本问题，关键在于没能在会议中进行创新性的思考。

如果进行了错误的判断，认为会议存在"时间长"的问题，那么解决这个问题的办法就要朝着缩短会议时间的方向考虑，而忽略了真正的问题。因此，与人交流时，不仅要注意倾听，还应培养自己区分事实和意见的习惯。

训练初期，可能会感觉事实和意见难以区别，但只要播下"分解思考"的种子，就能收获成功的果实。这种训练有助于形成探究问题本质的思考习惯，有助于树立良好的观念。

从疑问出发

对于麦肯锡的精英们而言，无论面对的是什么问题，他们都不会只凭直觉做出判断。他们首先会挖掘事实，然后透过事实寻找问题背后的逻辑。麦肯锡公司会为员工灌输一种思想，即时刻带着疑问去观察事物，并且展开思考，从而形成正确的判断。培养"一切思考，从疑问出发"的习惯，这样，面对问题时就可以轻易地做出客观的思考和判断。

　　麦迪逊医疗中心坐落于城市的西部，是阿肯色州的一家综合性医院。该医院的周围生活着一些普通劳工，他们构成了医院的主要患者群。这些人有着共同的特点，比如粗鲁、暴躁、易冲动。当时，该医院内，患者之间及患者与医护人员之间经常出现殴斗，几乎每个月都有几个人被警卫拖去警察局。该医院的管理者认为，患者的素质低是经常出现殴斗的原因。他们想到的解决办法，就是为医院增加保护力量。

　　有一次，一位麦肯锡的合伙人来到麦迪逊医院就医。通过观察具体的就医流程，他发现，导致麦迪逊医院医患关系紧张的原因，并非是患者素质低，该医院在就医流程的设置上不太合理，这才是真正的原因。

　　该医院只向患者发放一张带有个人保险号码的就医单，而那些没有保险的患者则只给一张白纸，让大家按照护士站前的标准格式表格自主填写。然而，这个表格烦琐且不清晰，而且只在护士站粘贴了一张，所以填写的过程让许多没有保险号码的患者都感到烦躁。

　　等待就医的过程中，该医院在一楼的大厅里设置了不分科室的等候区，只有重症病人能得到急救，其余人都要等。大厅内十分嘈杂，这使许多患者心烦意乱。

　　一些冷门科室就医的病人能够很快就医，而去一些常见的科室就医需要等很长时间。另外，该医院化验的单据，患者总是能先拿到副本，之后一段时间才会将原件送到医生的办公室里。患者拿到副本以后，迫切地想要知道自己的病情，但此时医生还没有见到化验单据，所以会让患者继续等候。然而，患者不明白，为何自己还要等。许多患者失去耐心，与医生大吵大闹。

　　弄清楚事情的原委以后，这位合伙人找到该医院的负责人，给负责人提出了建议，即优化患者的就医流程，具体包括为患者准备多种就医表格，在不同区域按科室划分出等候区，将化验单据的发放顺序对调，增加医生与患者的沟通平台。实施了这些措施以后，该医院的殴斗情况果然大有改观，医患矛盾越来越少。

采取从疑问出发的思考方式，可以更好地发挥各种思维框架的作用。如果心中没有疑问，那么，即使在解决问题时运用了一些分析框架，也难以清晰地确认自己到底希望达到什么目的。如果不能找到疑问的核心，那么思维就会比较分散，就不能按照得出的结论采取相应的行动。把疑问变得复杂或者不得要领，意味着这个疑问没有切中问题的实质。

那么，如何才能抓住疑问的核心呢？

要想抓住疑问的核心，可以找到疑问中最关键的一部分，然后用一句话概括疑问。例如：拜访客户时，要带着疑问进行思考。弄清楚客户遇到的问题，找出疑问的核心，用一句话概括即可。

拓展逻辑思维的妙招

人的大脑是身体运行的命令和控制中心，决定着人的思维有多敏捷，影响着人的情感活动。大脑比任何计算机都要复杂，从某种角度来说，拓展逻辑思维的本质就是要优化自己的大脑。

日常生活中，有许多拓展逻辑思维的方法，下面详细介绍几个拓展逻辑思维的方法：

1. 多运动

研究表明，能够进行足够运动的人，会更聪明，所以，平时应该多进行一些运动，例如：跑步、打羽毛球、打篮球等。要享受运动，这样你会更聪明，感觉更幸福。

2. 多问为什么

大脑与好奇心联系在一起。"多问为什么"是锻炼好奇心的好方式。养成"多问为什么"的习惯，大脑会变得更加灵敏。"多问为什么"，这是有效地拓展逻辑思维的一个方法。

3. 做益智游戏

做益智游戏，是拓展逻辑思维的有效方法。在空闲时间，可以做一些益智游戏，这是让大脑活动的好办法。益智游戏有很多种，例如：猜谜语、拼图等。

总之，每个人都应该突破自我，拓展自己的逻辑思维。如此一来，就可以提升解决问题的能力，变得越来越睿智。

别掉进"思维定式"的陷阱里

思维定式也被称为惯性思维，是指按照积累的思维活动、经验教训及已有的思维规律，在反复使用中所形成的比较稳定的、定型化的思维模式。思维定式是由之前的活动造成的一种心理准备状态。在环境不变的情况下，思维定式能够使人应用已经掌握的方法迅速解决问题。然而，在环境发生变化时，思维定式会妨碍人采用新的方法解决问题。消极的思维定式是束缚创造性思维的枷锁。

了解思维定式

社会发展的速度很快，商业领域的问题层出不穷。麦肯锡会与很多企业合作，在交流、调查的过程中，可以发现，当企业管理者遇到了之前从未涉及的问题时，有一些人就会陷入慌乱之中。他们往往会极力否认这些问题的存在，认为这些问题不可能在自己的企业中出现，还有些人虽承认遇到了麻烦，却想逃避责任。这些都是不负责任的行为。

为什么企业中的管理者会出现这些行为呢？这是思维定式在作怪。没有与时俱进的新思维，管理者就不能随机应变地处理那些从未涉及的问题；没有新思维，管理者遇到问题就会陷入恐慌之中。

有一位公安局长，正在路边和一位老人谈话。这时，突然跑过来一个小朋友，对公安局长说："你爸爸和我爸爸吵起来了。"老人问公安局长："这孩子是你什么人？"公安局长说："是我儿子。"那么，那两个吵架的人和公安局长是什么关系呢？

关于这个问题，在 100 名实验者中，只有两个人答对了。

后来，向一个三口之家的三个人问这个问题，父母没有答对，孩子很快就回答出来："局长是个女的。吵架的两个人，一个是局长的丈夫，也就是孩子的爸爸，另一个是局长的爸爸，也就是孩子的外公。"

对于这样一个简单的问题，很多成年人的反应还不如一个孩子，这就是思维定式导致的。根据成年人的思维定式去推想，公安局长应该是个男的，根据这个思路去推想，自然无法找到正确答案。然而，小孩子不会去想公安局长应该是一位男士，所以根本没有思维定式的限制，很快就想到了正确答案。

在某些情况下，思维定式会限制一个人的思维。在遇到困难时，如果你感觉自己实在没有办法了，走投无路了，你要明白，这种境遇是由你固执的思维定式所导致的。只要你转换思维，就可以走出困境。

训练独特的思维方式

日常生活中，麦肯锡的咨询顾问会特别关注财经报道及科技方面的信息。他们养成了这样的思考习惯，会不由自主地联想到这些新闻、信息能够对自己或客户产生哪些影响。

当看到一个与客户相关的商品出现降价时，咨询顾问首先想到的是该商品或许是在通过降价、促销等手段增加销售额。然而，针对该问题，还可以继续深入思考，并试着挖掘其他的可能性。例如：这类商品降价，是否会导致其在市场上的地位降低。

因此，咨询顾问可以建议客户把该商品的经营资源转移到其他商品上。这样就能发现，该商品的价格下降，对于其他商品来说是一件好事。也就是说，该商品的价格下降，有利于其他新商品市场份额的增长。

这是麦肯锡公司的咨询顾问所推崇的思维训练方法，即通过挖掘一些外部的信息和报道，训练自己解决问题的思考能力。

经常进行这种思维训练，在遇到问题时就能够不慌不乱。在解决问题时，不仅能够关注当前发生的问题，还能够把握信息中存在的许多可能性。这也是麦肯锡公司解决客户问题的价值所在。

麦肯锡的咨询顾问，除了要从新闻或科技信息中挖掘出事物发展的可能性之外，还应对某一个问题进行多方面、多角度的分析，然后得出多种看法。通过长时间的训练，就可以养成优秀的思维方式。当企业面临问题时，麦肯锡的项目团队就能够以一种更加从容的方式来解决问题。

运用"后设认知"法验证逻辑

具备逻辑思考能力，就可以对事物进行深度理解。那么，如何检验逻辑思考的正确性呢？麦肯锡公司有自己独特的检验方法。那就是以逻辑思考提出假设之后，要客观地审视假设，要站在对方的立场上思考问题，以确定自己的论述和观点被对方接受。

验证逻辑思考是否正确，可以采用"后设认知"的方法审视自己的逻辑。"后设认知"，简单来说，就是对自己的认知过程进行自我反省及自我调适。在心理学领域，"后设认知"指的是从高处向下俯视自己逻辑思考的方式。

一般情况下，人们在分析、论证自己的逻辑时，如果没有明确设定信息的传达对象，就总会站在自己的立场上检验和分析情况。

麦肯锡工作人员的做法是，对自己的逻辑进行假设性的审视，例如：准备解释某件事情的逻辑时，应不断地询问自己，假设的前提是否充分、准确？假设的依据是什么？通过层层推进的思考方式，能检验逻辑思考的准确性。

树立精益求精的逻辑思考意识

麦肯锡的咨询顾问，要在很短的时间内经过非常严谨的逻辑分析，找到为客户解决问题的最佳方案。在麦肯锡公司，人们认为追求问题解决方案的逻辑性应是永无止境的。

逻辑分析过程主要包括以下三个步骤：

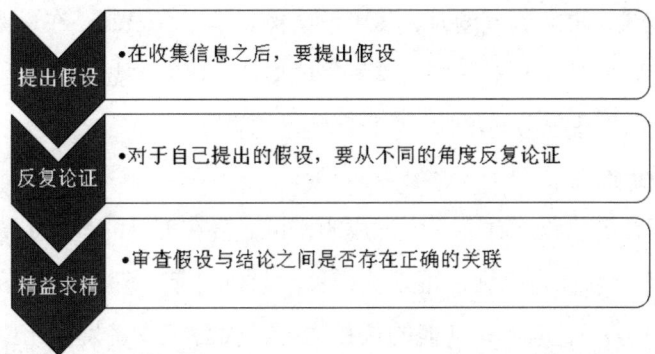

如果能够按照上面的步骤来做，得出的结论会更科学、更严谨，提出的解决方案更能令人信服。

思维定式阻碍了思维的开放性和灵活性，造成思维呆板。思维定式束缚了人的创造性思维，使人无法灵活地运用知识。只有摆脱思维定式，头脑中才会萌生出许多新奇的想法、思路。而要想摆脱陈旧思维的束缚，可以采取相应的方法。

突破思维定式的方法

对于企业管理者来说，要经常进行一些训练，摆脱思维定式的束缚。多接触不同的事物，使自己的联想更加丰富，如此一来，在遭遇困难急需解决问题时，做出的假设会更有意义。如果敢于突破思维定式，开动脑筋，就会有许多奇思妙想浮现在大脑之中。这样，许多新奇的创造就会诞生。下面介绍几个突破思维定式的方法：

1. 把握住最初的目的

思考的最初目的就是解决问题，如何解决问题就是思路。在思考问题的整个过程中，不用在一开始的时候就采用创新思维。一般来说，能用普通思维去解决的问题，就不用弄得太麻烦。如果想进行思维训练，可以在解决问题以后进行适当的思考。

2. 警惕思维本能

在以往的生活中，人的大脑会形成一定的思维定式。一旦在某些方面形成了思维定式，再遇到问题时，思考就会被思维定式限制。在思考时，要警惕思维本能，尤其是针对一些特殊案例或事件。固有的思维会对思考问题造成误导，所以，在思考问题时，要揣摩自己的思路。

3. 重视思维环节

思考问题的思路，并非一气呵成的，可能会在关键的地方卡壳，甚至停滞不前。对于原有的思维，可以选择关注思维环节，对一些环节进行一定的思考，思考一下是否有其他的代替物可以代替，或者发挥比原先更好的作用。

4. 学会"求异"

对于企业来说，遇到问题时，往往会以团队为主体对问题进行相关思考。讨论问题时，要学会倾听别人的意见或看法。也许大家的意见五花八门，但依然有一定的参考价值。学会倾听，才能发散自己的思维，想出更好的点子。

5. 创新思考练习

如果想要打破以往的思维定式，就要多进行创新性思考。例如：在生活中遇到了难题，可以尝试从不同的角度去思考，可以换位思考。从不同的角度去看待一个问题，往往会有新的发现。

综上所述，日常生活中，应注重拓展逻辑思维，突破思维定式，不断地进行创新性思考。这样，看待一个问题时，就会从多个角度去思考，从而想出解决的办法。

逻辑切入，使言论更具说服力

几乎每个入职麦肯锡的新人，都会被要求回答这样一个问题，可以说，这个问题是麦肯锡的精髓，也是麦肯锡工作人员为何能够具有较强的说服力的原因。

问题是这样的：你一直有个很好的想法想要向公司提议，但是苦于职位低微，你没有向最高领导层建言的资格。一天，你在等电梯，这时刚好 CEO 走了过来。电梯来了，你和 CEO 一起走进电梯，里面只有你们两个人，电梯上升到 16 楼需要两分钟时间。在这两分钟的时间内，你如何把你的想法说给 CEO 听，并且让他倾听你的建议。

对于该问题，不同的人会说出不同的答案。然而，所有答案无非只有一个线索，就是组织好自己的语言，使语言更具逻辑性和说服力。

怎样使语言更具说服力？这因人而异。怎样使语言更具逻辑性？在两分钟的时间内，如果你说出来的话没有任何逻辑可言，那么，毫无疑问，你根本不可能打动一个比你职位更高的人。

作为咨询行业的领头羊，麦肯锡的工作人员几乎都具有这种在短时间内说服他人的能力。麦肯锡的咨询顾问，依靠着富有逻辑的语言和分析能力，获得了许多行业的企业家、管理者的信任。这从侧面反映出，在任何领域，解决任何问题，都可以从逻辑切入。

日常生活、工作中，会有许多人向你灌输他们的想法，然而你可能很快就会忘记。有时候，你向他人说出自己的某种想法，也得不到对方的共鸣，这可能是因为你的语言没有一定的逻辑性。

工作中，许多地方都能用到逻辑。例如：报告、说明、提案等。你可以通过文字来呈现，也可以通过图片、影像来呈现。另外，还可以通过语言来呈现，而语言要有一定的逻辑性。

当你要得出某项结论时，就要让自己的语言有逻辑性。

以电子设备解决方案著称的 IBM，有一句广告词叫 "No business too small，no problem too big"。将这句话翻译成中文就是：没有不做的小生意，没有解决不了的大问题。IBM 广告词的结论就是：IBM 可以帮助用户解决一切问题。这样的广告词十分符合逻辑。

一般来说，富有逻辑性的语言，适合传递确切的信息。因此，当你必须要实现某种目的或通过语言得出某种结论时，就应力求使语言符合逻辑。

有时候，向对方传达的信息是正确的，但是，因为语言表述没有逻辑性，所以最终没有取得应有的效果。

客户说："总是有人抱怨我们公司的产品，客户满意度低下，这使我们的利润很低，你需要为我们找到提高利润的方法。"

咨询人员说："我明白，知道你需要我们做些什么，根据我们以往的经验，导致利润低的原因主要有……客户满意度低下也是其中之一。请你相信我，关于客户的问题，我们有一整套解决的方法，艾克博士在《客户关系学》里面曾经讲过……"

上面的例子中，双方的表述都是正确的，但是显然缺少逻辑。在这样的交谈中，双方传递了许多信息，但几乎都是无用的。咨询人员既没有给客户灌输解决问题的信心，也没有指出问题的根源。

富有逻辑性的语言，应有严谨的条理性，语言当中应包含三部分，即理由、结论、理由与结论相结合。

1787年，宪法制定会议于美国费城举行。参加会议的人分为两派，赞成派与反对派。双方出席者的言论都十分尖锐，后来演变成人身攻击。整个会场，弥漫着火爆的硝烟。面对反对派猛烈的攻击，富兰克林站起来，他不慌不忙地说："老实说，对于这个宪法，我也并非完全赞成。"

这一句话，使嘈杂的会场顿时平静下来。反对派的出席者听了富兰克林说的话以后，在一旁愣住了，他们感到十分惊讶，因为富兰克林居然对自己所支持的宪法不完全赞成。过了一会儿，富兰克林继续说："我对于自己所赞成的这个宪法并没有信心。也许，出席本次会议的人，对于一些细则还有异议，也许各位提出异议之后，仍然会有人不满意。但是，不瞒各位，我此时和你们一样，对这项法案是否正确持怀疑态度，我就是在这种态度下签署该法案的。"富兰克林的这番话，使反对派激动和不信任的态度得以缓解。

富兰克林简短的话语中，包含了理由（任何一部宪法都不可能让人完全满意）、结论（即使怀疑，也应签署法案）、理由与结论（我自己就是在怀疑的态度下签署法案的）。富兰克林通过具有逻辑性的语言，说服了难缠的对手，得到了最终想要的结果。

在咨询行业生存，拥有说服他人的能力至关重要。说服他人的话要有逻辑性，才能让对方心服口服。

对于整个咨询行业而言，麦肯锡咨询顾问的能力当然是毋庸置疑的。除了能力之外，他们拥有过人的逻辑思维能力也是一大优势。因此，麦肯锡能够傲视整个行业。

逻辑推测，拨开云雾探寻事实本源

麦肯锡的工作人员认为，在逻辑思考能力中，拨开云雾探寻事实本源的推测能力令人着迷。如果想得到一个问题的最终解决方案，光靠归纳表面现象和解决表面问题是不行的，推测出事实的本源很重要。

譬如，许多人为了戒烟，就想出不买烟的解决方案，然而，这无疑是没用的，因为问题的本源并不是买烟。不买烟，是对原因归纳之后做出的反应，这样做的好处是使问题清晰明朗，能有针对性地解决问题，但是这样做往往只是解决了表面问题，根本问题并未解决。根本问题是吸烟者自身有烟瘾，就算自己不买烟，一旦烟瘾犯了，也会想办法去别人那里找烟。

有一家企业，是专门为富豪家庭定制高端出行工具的生产商。近几年，该企业意图面向大众市场，改变过去的高奢侈路线，走轻奢侈路线。但是，在轻奢侈的路线上，该企业走得并不怎么顺畅。

该企业具有品质卓越、制造精良的特点。因为产品属于高端定制，所以价格相当昂贵。该企业对于客户的满意度十分敏感，力求让每位客户对产品百分之百满意。然而，结果并不是特别理想，客户的抱怨声不绝于耳，甚至有客户因为对企业不满意，在订货过程中出现违约要求退款的情况。

对于产品的品质，该企业拥有绝对的自信。企业的服务团队是经过专门培训的，所以管理层并未预料到客户满意度会如此低。到底是哪里出了问题，管理层毫无头绪。为此，该企业找到了麦肯锡，请麦肯锡帮忙找出问题的根源所在。

麦肯锡的团队入驻该企业之后，调查了所有客户投诉的记录。客户对于产品的品质、服务的质量并无异议，大部分客户投诉的原因是等待时间过长。原来，该企业的高端定制采取的是"先付款后制作"的模式。从下订单到收货，客户需要等待数月到半年时间，整个制作过程十分漫长。下订单以后，客户就进入了漫长的等待中。这种等待，使客户感觉到自己被怠慢了，所以等待变成了抱怨和不满。

然而，根本问题真的是因为等待时间过长吗？经过走访、调查和问卷调查，并且亲自扮演购物者的角色，麦肯锡团队发现，这些高端客户并非不肯等待，而是不满意自己被怠慢。客户这种被怠慢的感觉，才是真正的问题所在。于是，麦肯锡团队把目标放在了解决这个问题上。

具体的解决方案是：客户下订单以后会得到一个序列号，在网络上查询这个序列号即可追踪到所购产品的生产进度和生产信息。同时，公司生产部门要把生产的实时信息及图像放到系统中去，图文并茂地为客户展示。例如：前天我为你的帆船做好了龙骨，昨天我为你的帆船做好了舵，今天我为你的帆船做好了桅杆……

在此之后，麦肯锡又为该公司设计了一项附加服务，在客户下单之后的每两周里，挑选客户所定制的交通工具的边角料做成精美的礼品邮寄给客户。

麦肯锡的方案，解决了客户感觉被怠慢的问题，在此之后，因等待时间过长而投诉的客户越来越少。

解决问题并不难，能够找到真正的问题所在，才是麦肯锡的咨询被青睐的原因。在案例中，客户没有找到真正的问题，而麦肯锡却通过调查、分析，找出了客户抱怨的原因，并且为企业提供了解决的办法。

逻辑推测的能力，基于许多富有实践意义的能力和行为。例如：观察能力、分析能力、判断能力、推理能力等。在这些能力的共同作用之下，一个人才具备非凡的推测能力。作为一家比较看重逻辑思考的咨询公司，麦肯锡十分注重锻炼咨询顾问运用逻辑推测的能力，这也是麦肯锡能够傲视其他咨询公司的理由之一。

第九章

提升个人工作能力的金钥匙

如果想更高效地完成工作，就要不断地提升个人工作能力。提升工作能力，需要从细节入手，循序渐进。把工作中的小事做好，养成良好的工作习惯，才能顺利地完成更多重要的工作，从而取得突出的业绩，为公司创造价值。

从细节入手，提升个人工作能力

提升个人工作能力，这是麦肯锡每一个工作人员都要认真对待的问题。其实，对于任何企业的每位员工来说，如果想顺利地完成各项工作，就要注重提升个人工作能力。

首先，要提升自己的专业技术能力。其次，要掌握一些高效工作的技巧，可以学习他人的经验，总结自己的工作。最后，一定要养成良好的工作习惯，如果一个员工的办公桌十分整洁，那么他会使工作更加条理化。

使工作更加条理化

打造良好的工作环境和秩序，能够提高工作效率。如果工作无序，毫无条理，你经常在杂乱无章的环境中寻找文件、工具，那么就会在无形之中浪费很多时间和精力。

要想使工作更加条理化，首先要保持办公桌的整洁。办公桌上的文件，摆放要有序。另外，不要在桌上乱放东西。在随意的环境下工作时，会很放松，然而这并不是一种好的工作习惯。

要站在更高的角度，以统揽全局的视角看待自己从事的工作。这样，你的视野会更加宽广，你的眼光和格局也不会受限。

养成整理办公桌的习惯

一位资深的管理者说过："我们不想忽略任何东西，于是就将这些东西全部放到办公桌上，这样很容易就能看到它们。"但是，如果资料堆得很高，物品摆放杂乱无章，那么你可能记不住堆积物底层摆放了哪些物品。你可能要在一堆资料中埋头苦找一份很重要的文件。如果把时间浪费在查找文件上，可能会影响你的工作。

另外，如果你在办公桌上摆放一些纪念品、艺术品等非办公物品，在工作时，你的视线会不自觉地转移到这些物品上，那么你的工作效率会降低。

那么，如何整理自己的办公桌呢？

1. 要把办公桌上所有与当前所做工作无关的东西全部清理干净。

把需要处理的资料全部找出来，放到办公桌上明显的位置。接下来，对其余的文件、资料等进行分类，放到档案袋或抽屉中。这样，你就可以随时提醒自己，要把精力集中在目前正在做的工作上面。也就是说，一次只做一项工作，不分散注意力。

2. 完成一项工作之后，要立即把与其相关的资料整理一下，然后对资料进行分类，把资料有条理地摆放在办公桌的相应位置。

整理办公桌，取走暂时不需要的资料、文件时，可按照重要性进行分类整理。然后，查阅一下即将开始的工作所需的文件，把文件放到不同的档案袋中，并在档案袋上进行简单标注，以便以后随时查阅。

3. 对于那些待办的工作，也要对其相关资料进行归类，并放到抽屉里。

4. 在休闲时需要阅读的书、杂志、报纸等材料，看完以后要放到办公柜中。因为，若把这些物品放在办公桌上，工作时会被转移注意力。

5. 与工作相关的客户、媒体、出版社及其他来访者所留的名片等资料，也需要分类整理好，并且放到容易看到的位置，以便能够随时查阅。

如果按照上面提到的方法整理办公桌，就可以有效地提高工作效率。总之，如果你想提升个人工作能力，就要从简单的小事做起，例如：整理办公桌。

每天制作一个表格

麦肯锡的工作人员有每天制作一个表格的工作习惯。养成这个好的习惯，可以提高工作效率。在商业沟通中，表格所扮演的角色是不可替代的。

很多人的工作十分忙碌，经常把自己弄得晕头转向，常常会忘记一些重要的事情。麦肯锡建议大家每天制作一个表格，以此来提高工作效率。

麦肯锡的工作人员，每天早上 9 点要进行头脑风暴，10 点约见客户面谈，11 点开始参观工厂，然后与主管共进三明治午餐。之后，可能还要与更多的客户面谈，每天晚些时候会有小组会议。新人还需要赶到沃顿商学院参加新人研讨会。

每天傍晚，麦肯锡的工作人员会回顾一下当天对自己最重要的三件事是什么，然后把它们制成一两个表格。如果事实不能被制成表格，就把它们记成几点，放在不容易丢失的地方。之后，展开分析时，就可以查阅表格和笔记。

每天制作一个表格，有助于提高工作效率，前提是持之以恒。如果不能坚持每天都制作表格，那么就难以给工作带来明显的帮助。

1. 每天制作一个表格的好处

一般来说，只要坚持一个月，就能发现每天制作一个表格的好处。每天制作一个表格，是麦肯锡公司有效管理时间、提升工作效率的秘诀。

制作表格，能够使你的目标更明确，还能帮助你节省大量时间。制作好表格以后，可以将事情按照优先次序进行排序，这样可以明确有些事情是否需要去做。排定优先次序，有助于把重要的事情排在最先考虑的位置上。

制作表格，可以调动工作的积极性。在即将结束一天的工作时，如果再检查一下表格，就能发现有哪些工作还没有完成，有哪些工作能够做得更好一些。这样，就可以充分调动自己工作的积极性。

2. 如何制作简单的表格

对于每个人而言，时间都很宝贵。善于利用时间的人能够合理安排自己的工作，分配好工作中各项环节所用的时间，还能够利用闲散时间制作简单的表格。

那么，如何制作简单的表格呢？麦肯锡建议大家总结自己，弄清每天要做的三件重要事情，把它们记在表格里。然后，再考虑第二天的工作，可以用表格的形式把它们记录下来。

表格像是一面镜子，对着它，就可以清晰地发现工作状态的好坏。制作表格，可以增加你的进取心，帮助你保持工作的热情，使你更好地投入到工作中。

3. 制作表格的原则

麦肯锡公司经常借助表格帮助客户分析问题。通过表格这种直观的表达方式，可以简化一些复杂的问题，有利于厘清思路，分清主次。制作表格，可以将复杂的问题用简洁、清晰的方式呈现出来。这样，客户更容易接受你想要传达的观点。制作表格时应该注意的是：

标题要简洁、清晰、明确	•这样能让客户快速了解你想要传达的观点
表格越简单越好	•表格越简单，客户越能集中注意力
表格要具有创造性	•具有创造性的表格，能够给客户带来惊喜
表格的差异越大越好	•差异越大，越能突出重点
添加一些突显重点的形式	•例如：标注特殊的颜色、比例尺、箭头等

关于表格，麦肯锡公司的另一项重要原则是，一份表格只传达一种信息，且用简单的句子作为标题。如果想通过表格传达更复杂的观点，那么制作表格时就要把每一条信息复制到新标题下，还要突出所表述的观点。

另外，麦肯锡公司要求，要将所有信息的资料来源标注在表格的左下角，这样，可以能获悉信息来源，其他人员也能通过查阅资料追根溯源。

总而言之，要想提升个人工作能力，就要从日常工作的一点一滴做起，日积月累，综合能力就能得到提升。

由简到繁才能提升个人能力

当许多复杂的问题摆在面前时，要先从容易理解的问题入手，这样成功的概率会更高。良好的开端是成功的一半，从简单的问题开始，可以鼓舞士气。以工作中简单的部分作为起点，循序渐进，有节奏地向前推进。这样，可以有效地开展工作。

假如麦肯锡接到了一个大项目，需要持续六个月之久，甚至更长，如果让客户等很久，直到最终结论出现，客户会不耐烦。在得出最终结论之前，交给客户一些实际的东西，这有助于缓解项目小组的压力。

麦肯锡曾接到一个项目，在项目进行中，麦肯锡在一个股票经纪人客户那里，对销售额和交易数据进行分析，得出了一些见解。他们想就自己的新发现与客户资产部门的高级经理进行交流。他们约见了该部门负责人，以及组织里的其他业务部门，包括销售部、交易部、研究部等。

麦肯锡的一位项目负责人领导大家对数据进行实际分析，并且介绍了研究成果。客户也带来了几位经验丰富的高管，却一直没有意识到运营效率上存在问题。

这位负责人的汇报产生了两方面的影响：一方面，那些起初并不推崇麦肯锡的高管们，开始相信他们自己的组织确实存在问题，而麦肯锡可以帮助他们解决；另一方面，这位麦肯锡的负责人给他们留下了深刻印象，之后开展工作变得容易多了。

麦肯锡抵制了囤积信息在研究期末做一次大型汇报的诱惑，使客户变得积极，使自己的工作变得轻松。

对于举重冠军来说，刚开始练习举重时，并不一定能够举得起得冠军时的举重重量，他们会先从能够举得动的重量开始，进行一段时间的训练，逐渐增加重量。这个原则，在其他工作中同样适用。工作中，先易后难，可以先从容易成功的任务开始做起，然后逐渐延伸到困难的任务上。

麦肯锡解决客户项目时，一贯采用"先易后难"的原则。与客户合作，要尽量使客户满意。无论客户是产品的购买者、服务的对象，还是老板，都是麦肯锡服务的对象。因此，使客户保持快乐，是服务的宗旨。

一个软件设计的项目，交货周期为三个月。如果能在两周内把可以解决部分问题的程序完成，然后拿给老板和客户看，那么，老板和客户就会感到满意。即使是小小的成果，也有助于提升团队士气。

先易后难，并不意味着在工作中避重就轻、投机取巧，而是先解决一些问题，让自己及整个团队更有信心，确信目标能够实现。这样，在后面解决问题的过程中，就能够接受困难的挑战。

开展工作时，先易后难，这是一个循序渐进的过程。在刚开始工作时，不要先做最困难的事情，以避免失败的概率。对于麦肯锡的新人来说，要想积累经验，就要从小事做起。

提升写作能力，写出漂亮的金字塔式文案

阅览普通文案，客户需要阅读并理解文案中的每一句话，还要把每一句话都进行关联，才能懂得其中表达的观点。然而，如果能制作出一份金字塔式的文案，思路是从金字塔的顶部开始，然后逐渐向下展开，那么客户就能很容易理解你所表述的观点。提升写作能力，制作一份漂亮的金字塔式的文案，将有助于帮你得到领导的赏识和同事的认可。

了解金字塔式文案的特点

要想写出漂亮的文案，就要先了解金字塔式文案。所谓金字塔式的文案，即文案的第一部分要针对标题进行重点陈述，否则就会失去焦点。然后，根据标题（文章的焦点）逐渐向下展开，写出更详细的内容。写作时，先写出

结论，再写出原因；先写重要的内容，再写次要的内容；先写出结果，再写出过程；先顾全大局，再照顾细节。金字塔式文案具有以下几个特点：

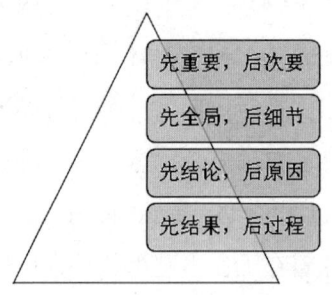

金字塔结构的种类

一般来说，写金字塔结构的文案首先要有一个总体思想，并且由总体思想向下统领多组思想。各思想之间的联系方式，可以表现为纵向，即任何一个层次上的思想都是对它下面一个层次上思想的总结。另外，还可以表现为横向，即多个思想是由共同组成的同一个逻辑的推断式，且是被并列组织在一起的。

金字塔结构应先从最顶层开始，接着沿各个分支向下展开。最顶层表达的是主要思想，这能让客户对表述产生某种疑问。顶层往下的各个层次，需要对此疑问做出解答。

在麦肯锡公司，可以将想要表达的思想组织成具有金字塔式结构的文案。在结构划分上，金字塔结构主要有并列型和直列型两种形式。

1. 并列型金字塔

在并列型金字塔结构中，一般下层信息之间是相互独立的，且支撑着上层信息。任何一个下层信息都和上层信息有着直接的关系，且纵向关系较强，横向关系较弱。

通过纵向联系，能更好地吸引客户的注意力，且建立起一种疑问及解答式的对话，使客户带着浓厚的兴趣理解你的思维。另外，纵向联系可以使客户跟随你的思想脉络，得到一种符合逻辑的解答。

并列型金字塔的具体结构如下：

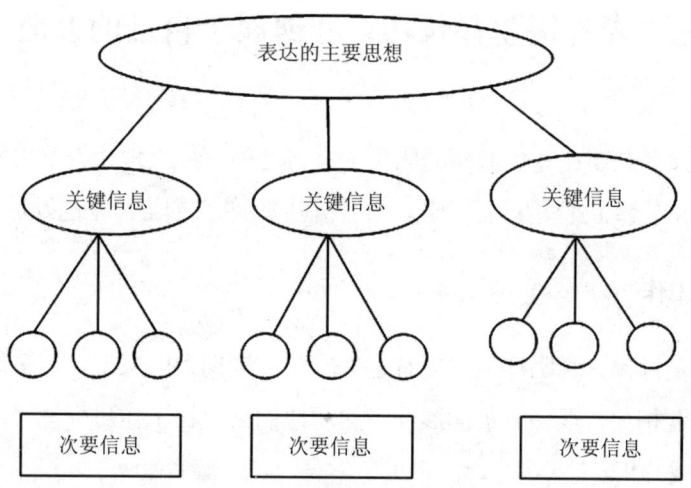

2. 直列型金字塔

直列型金字塔结构中，一般下层信息之间的横向关系比较强，且有着强烈的序列关系。直列型金字塔的特点是，只有最右边的下层关系与上层关系之间存在直接联系。

横向联系较强的结构，可以使你的多个思维以归理或演绎的方式，解答客户的疑问。另外，子主题能够解答上一个结构层次所引发的疑问，但要保证表述符合逻辑。

直列型金字塔的具体结构如下：

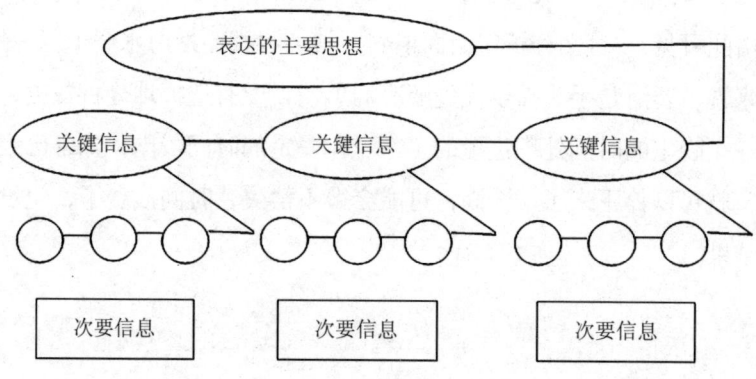

麦肯锡生存技巧，开创属于自己的天地

如果你想要在竞争激烈的职场中有自己的一片天地，就要了解职场的生存法则。了解了这些生存法则以后，你在职场的发展会越来越好。

聪明地工作

在麦肯锡，聪明地工作更有意义。对于咨询顾问来说，许多数据都与研究的问题相关，很多分析能展开，然而他们会根据工作目标适当地忽略掉一些数据或分析。

麦肯锡的咨询顾问，通过收集大量事实对假设进行证实，支持分析或反驳分析，只要有充足的事实就行。

麦肯锡的一名咨询顾问艾森，曾在深夜为一位客户的竞争对手整理数据资料。艾森当时收集了海量数据，试图从中提炼新见解。艾森的项目经理维克来到办公室，手里拿着上衣和公文包，问艾森进展得怎么样。艾森告诉项目经理，工作进展得十分顺利，但仍然可以归纳出更多的图表。项目经理拿起艾森的草图，快速地翻了一下，对艾森说："艾森，已经快七点了，客户会很欣赏你工作的努力，没人比你的收获更大。今天就到此为止吧！你不能把海水烧干吧？"后来，艾森和项目经理一起乘坐出租车回家了。

由此可见，"试图分析得面面俱到"就像"试图把海水烧干"。对于咨询顾问来说，要清楚手头需要优先解决的事情，要有选择地分析数据，不要试图用一个晚上的时间处理过量的工作。在一定的时间段内，如果已经做得够多了，就可以停下来了。否则，可能会得不偿失，时间浪费了，也没得到更好的结果。

让导师做自己的指路明灯

对于任何职业人士来说，都可以从公司里面找一个资历比自己深的人，让其做自己的导师。如果导师的能力及见解都让你很钦佩，那么你可以让他给你提供一些建议。一般来说，大部分人都是喜欢给别人提建议的，提建议时能够坦诚相待。如果你能够和导师一起工作，那你可以学到很多的东西。

无论你的公司有着怎样的体制，你都能够在公司里找到自己的导师，确切地说，是找到你尊重且信赖的领路人。

享受出差的乐趣

有些职业人士觉得出差会很累，把出差当成了一种工作负担。如果能够换一种思维，把出差看作是旅行，就会感到轻松、愉悦。

在麦肯锡这样的咨询公司工作，咨询顾问要经常出差。有时候，公司安排的商务旅行是有趣的，咨询顾问可以在巴黎或伦敦待一周。然而，很多时候，咨询顾问出差都是十分辛苦的，例如：哈米什·麦克德莫特曾在底特律的一家汽车制造厂商那里度过了寒冷、漫长的六个月。

麦肯锡的工作人员想了许多方法应对严酷的长途旅行，他们一致强调保持积极的心态很重要。

要时刻记得，旅行是在工作之外进行的活动。另外，在出差时，要适当做计划，可以把在客户那里的时间安排一下。

如果出差时间很长的话，可以进行一些工作之外的娱乐活动，如与同事或客户团队成员共进晚餐、看演出等。

拥有个人空间

在紧张的工作之外，都应该拥有自己的个人空间。工作固然重要，但是也不能 24 小时连轴转。懂得劳逸结合，工作时会更有效率。

那么，如何做到劳逸结合呢？下面介绍几种有效的方法：

1. 一周之中至少有一天不工作

人的精力是有限的，因此，即使工作再忙碌，一周之中也应有一天不工作。除非遇到了十分紧急的情况，否则要利用这一天时间放松一下。在这一天，你可以和家人一起吃饭、聊天，还可以看看有意思的书。

2. 别把工作带回家

如果想提高工作效率，就要把工作和生活分开，充分利用在公司工作的时间，尽量别把工作带回家。

3. 做好工作计划

该工作时工作，该吃饭时吃饭，该玩耍时玩耍。对于公司的工作，要制订工作计划，合理安排时间。

麦肯锡卓越工作法

麦肯锡卓越工作法是一种高效的工作方法，如果可以真正领悟其中的精髓，就能高效地工作，并且高效地解决工作中遇到的各种问题。

1. 效率和效能

正确地理解效率与效能，这样工作时会更有针对性。

2. 确定最终目标

确定了最终目标，才可以从大局出发看待事情，处理问题。有时候，没能处理好问题，是因为站得不够高，局限了思维能力。

3. 不做急事，做大事

规划每天的时间，将事情分为最紧迫、有点紧迫、不紧迫三类。

4. 分清问题主次

针对具体的问题，应分清主次。什么事情该做，什么事情不该做，什么事情先做，什么事情后做，对于这些应有明确的认识。

5. 弄清事情的四个层次

对于工作中的事情，按照重要程度可以分为四类：

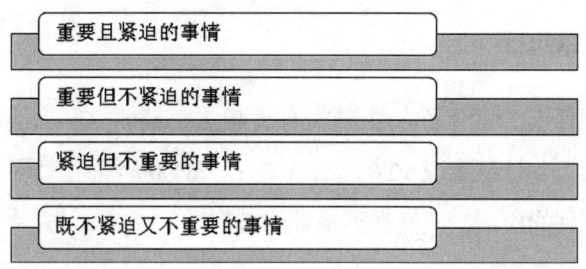

6. 将重要事情放在第一位

做好工作计划，将重要的事情放在第一位。可以按照天、周、月、季度、年制作一张工作进度图。

养成好习惯，成功才会向你招手

培根说："人的思考取决于动机，语言取决于学问和知识，而他们的行动，则多半取决于习惯。"一个人，养成的好习惯越多，驾驭自己的能力就越强。

如果你有着良好的工作习惯，工作时会更加得心应手。好习惯是一个人在事业上取得成功的坚实基础，因此，要培养良好的工作习惯。

积极主动，自发去做

一个人，要想在事业上取得一定的成就，就要做个勤劳的人，积极主动地去工作。要理解，工作并非是消极、被动的"打工"，也不是敷衍了事的"完成任务"。

作为一个有责任感的员工，要养成主动工作的习惯，不要让老板时刻去鞭打你，这样，你会感觉自己的工作轻松而充满乐趣。

如果你能保持积极主动工作的习惯，发自内心地热爱自己的工作，你就可以更加顺利地完成各项任务。

迅速落实，高效执行

针对一项任务，如果你的头脑中有了想法，就要立刻去实践。要把事情做好，做到位。每个人都应该在工作中培养高效执行的工作习惯，这样会在工作中取得良好的成绩，从而得到领导的赏识。

注重细节，从小处着手

对于职业人士来说，一定要仔细地完成任务。要明确，即使任务再小，如果不仔细，也会出现纰漏。这样，不仅影响工作效果，还会给他人留下不好的印象。因此，做工作时，要注重细节，从小处着手。

另外，在处理各种疑难问题时，也要注重细节。要知道，大问题往往藏于小细节之中，因此，在日常工作中，处理问题时，要注重细节，从小处着手，这样，问题就能迎刃而解。

今日事，今日毕

对于每个人来说，都要养成及时完成任务的良好习惯。今日事，今日毕。当天的工作任务，一定要在当天完成，不能拖着。要知道，明天还有明天的任务，如果今天不及时把任务完成，那么就要拖到明天，明天的工作量就会特别大。因此，最好在当天完成规定的任务，要使这成为一种习惯。

培养逻辑推理的习惯，制作表格

麦肯锡的咨询顾问，每天都会制作逻辑清晰的表格。这样，可以更好地厘清自己的逻辑思路，从而推导出令人信服的结论。推导时，注意独立思考，并且找出问题的答案。

注重个人形象，养成良好的着装习惯

在日常工作中，不要小看着装这件事。在麦肯锡这样的咨询公司，工作人员服装的整洁比服装的个性更重要，并且着装要给人一种干练感。

职业人士要遵守公司的着装要求，自己更要注重服装的整洁。如果公司没有服装要求，你要根据自己的年龄、肤色及工作性质等选择适合自己的服装。

外籍人士对穿鞋非常重视，因此，如果你即将与一位外籍客户见面，就应穿上干净的鞋子，在公务场合最好穿皮鞋。整洁的形象，可以先从鞋子开始。

管理时间，做好规划

麦肯锡公司有一条不成文的规定，即无论遇到什么情况，员工都要提前十分钟到场。对于职场人士来说，为了避免迟到，每天都可以提前 10 分钟左右到公司。在早到的十分钟内，可以提前准备一天的工作清单。

日常的工作中，要管理好时间，做好规划。工作要有计划，做到主次分明。处理事务，要分清轻重缓急。

一般来说，善于管理时间的人，对自己的工作有明确的规划，能够合理利用时间，有效安排好工作中的方方面面。

养成读书和思考的习惯

麦肯锡的员工，读书后会花费几倍的时间去思考，会按照章节进行总结，列出逻辑结构，找出书中的中心思想，然后按照自己的理解进行总结。读书是很重要的，但读书以后的思考更重要。善于思考和总结，这样才能学到许多知识，书才不会白读。

每个职业人士都应该向麦肯锡的员工学习，养成读书和思考的好习惯，善于总结知识点，善于针对主要内容进行思考。

多关注新闻，培养市场感

平日里，要多关注新闻，通过关注新闻培养市场感。关注新闻之后，要考虑人们看到新闻后会有哪些反应。例如：一条重要的财经新闻，会对下周的股市产生什么影响。

关注新闻时，还要注意新闻的登载方式。例如：新闻来自于《新闻联播》《人民日报》还是微博、微信、网页等。通过这些新闻，可以对相关信息的准确性及将会引发的影响进行判断。

另外，除了关注中国媒体的报道，还可以关注一下国外媒体的报道。

一个人的头脑风暴

头脑风暴，原指一个团队的人坐在一起，每个人都发表一下个人观点，然后写在黑板上，最终总结出一个最佳方法来解决问题。对于一个人来说，头脑风暴法也是有效的。当你遇到一个问题时，可以将分析出来的结论写在纸上，从中找出最具说服力的结论。然后把自己想出的解决问题的方法都写在纸上，从中找出最佳的解决方法。平日里，经常这样训练自己，你分析、解决问题的能力会得到有效的提升。

总而言之，养成好的工作习惯、生活习惯，才能不断提升自己的综合能力，从而在职场中立于不败之地。

第十章

解决危机的最佳方法

　　从某种角度来说，解决问题的最高境界，并非着眼于解决已经发生的问题，而是在平时积极寻找引发问题的潜在因素或者不良状态，将其扼杀在萌芽状态。防范危机，是解决危机的最佳方法。如果等到危机已经发生了再着手处理，可能要花费很多时间和精力，也可能根本就无法解决。所以，要防患于未然，未雨绸缪。

通过 SCQA 分析法发现危机

对企业来说，危机就像定时炸弹，随时都有爆发的可能。许多时候，在危机爆发之前，人们并不会意识到解决危机及采取相应行动的必要性。所以，防范危机的关键，在于发现问题的存在。

大量事实证明，许多企业在爆发危机之前都有一些征兆。然而，有些企业重视这些不良征兆，有些企业会忽略这些不良征兆。

在不良征兆显现以后，如果企业的领导人能够及时带领员工去分析、去解决，那么就能阻止危机的爆发。如果企业的领导人和员工都不重视不良征兆，危机往往就会在不久后爆发。

挖掘潜在危机是一种能力

很多职业人士，每天都忙忙碌碌的，往往很难发现企业存在着什么问题。然而，一旦发现期待的目标与企业的现状之间存在很大的落差，就很容易发现问题，从而识别危机。

发现问题是一种能力。能发现问题，就能防范危机。要发现问题，就应对变化有足够的敏感度。也就是说，要依靠自己对问题发生变化的敏感度，才能发现问题。无论问题的真实性怎样，一些被动的态度都不可取。想要发现问题，就应具有积极的态度。

想要及时发现问题，就要注意以下几点：

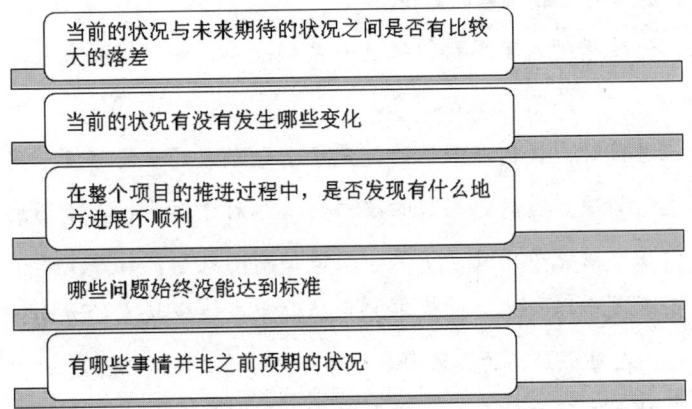

当前的状况与未来期待的状况之间是否有比较大的落差

当前的状况有没有发生哪些变化

在整个项目的推进过程中，是否发现有什么地方进展不顺利

哪些问题始终没能达到标准

有哪些事情并非之前预期的状况

在自己权限范围内的问题，才是能够解决的问题。需要注意的是，看待问题时，不要只挖掘一些蛛丝马迹，应用开阔的视野把握问题的整体面貌。也就是说，视点应具有大的格局，但不可以超越自己的权限范围，只有这样，才能以当事者的身份解决具体的问题。

运用 SCQA 分析法挖掘潜在危机

SCQA 分析法是麦肯锡公司常用的分析法，通过这种方法，可以很快发现并分析问题，从而及时防范危机。即在发现问题的过程中，通过描述当事者的心理状态，用设计提问的方式刻画出课题。

SCQA 中的"S"是指 Situation，意为场景或情景。分析问题时，需要分析者把问题带入到大家都比较熟悉的场景之中，以便对照理解。"C"是指 Complication，意为冲突。这要求分析者在前面的场景或情景中，表现出一些矛盾及冲突，并且矛盾或冲突应由后面的"Answer（答案）"来解决。"Q"是指 Question，意为问题。分析者需要针对上述矛盾和冲突，引出问题。"A"是指 Answer，意为观点或答案。这是最终的目标，是分析者运用 SCQA 分析法进行逻辑思考的一个结论。

下面，以实际的案例来说明一下 SCQA 分析法是如何运作的。

钱伯斯是商界一位著名的 CEO，曾就职于王安电脑公司和 IBM 的他，对于互联网世界有着一股执着的热情。

后来，他跳槽进入了思科，经过一系列改革，带领思科成长为行业的巨无霸企业。

刚进入思科时，钱伯斯面临的是竞争十分激烈的市场环境，用户需求多变，技术更新加快。当时，思科的技术研发落后于对手，其市场反应也比对手慢，所以在市场竞争中处于下风。而钱伯斯刚就职，就做了两个重大的变革：一个是重视市场及客户，依据客户的要求来决定技术的方向；另一个是把市场分段，在每个产品的领域争取到第一或者第二的位置。

为增进对广大用户的了解，钱伯斯要求公司每年都在世界各地举办大量技术报告会及技术研讨会。每当有一项新的网络技术崭露头角时，公司都要在第一时间向客户介绍一下。另外，钱伯斯还要求思科整个公司的奖金都以客户的反馈意见为依据，从副总裁到产品部经理，无一例外。将用户的满意度与员工的利益联系起来，这样可以鼓励公司里的每一位员工。

为了能及时与客户沟通，思科还建立了全球支持模式，凭借着这个模式，思科获得了极高的用户满意度。

从1999年到2009年这十年间，在钱伯斯的指引下，思科公司曾进行过七次变革。客户需要什么产品和技术，思科就朝着什么方向转移。经过十年的积累，思科赚到了丰厚的利润，稳定了客户群，并且从一个单一生产路由器的公司变成一个生产25类网络通信设备的综合性公司。

通过市场分段，钱伯斯稳定了思科在系统服务行业领域的地位。发现一个新的服务领域之后，若自己的实力不足以独立完成占领的话，钱伯斯会选择与行业内已经存在的企业合作，甚至收购或并购对方的公司。钱伯斯进行第一次收购，是因为客户需要某一种产品，有一家公司能够生产，而思科却无法生产，于是，钱伯斯就决定收购这家公司。到2010年7月为止，在钱伯斯的主持下，思科共收购了61家公司。尽管付出了几百亿美元的代价，但是这些代价是值得的。通过收购，思科公司走上了一条多元化的发展道路。

钱伯斯刚到思科工作时，思科面临着市场竞争激烈、技术更新换代快及用户需求变化快的问题。当时，思科还面临着一些冲突，与用户之间的冲突、与对手之间的冲突及企业内部的冲突。而钱伯斯面临的问题是，如何解决这些问题和冲突。面对诸多问题，钱伯斯进行分析，想到了解决的办法，即增加技术研发投入、瞄准市场、收购有价值的公司等。

SCQA 分析法，最初所要思考的就是情景（Situation），从商业的角度来说，就是商业状况。上面的例子中，钱伯斯就很好地分析了商业状况。商业不能脱离于社会而存在，因此，无论是何种商业状况，一定是依托于某种情景而存在的。这里所说的情景，是指市场繁荣、行业整顿、技术革新、经济萧条等。

再来说一下冲突。企业面临的冲突（Complication），有些是显而易见的，而有些是需要去归纳和发觉的。有时，表面上的冲突很容易将暗藏在内的冲突掩盖起来。由此可见，发现并寻找冲突，是对整个思维框架的一种完善。例如：企业既存在内部冲突，又存在外部冲突，这两方面的冲突导致了同一个结果。分析这个结果时，如果只看到了外部冲突而忽略了内部冲突，那么就会导致解决问题不完善的后果。

接下来，说一下问题（Question）。问题这部分的主要意义，在于归纳出前面两项（情景和冲突）的结论，以及对结论进行必要性分析。有些冲突需要解决，有些则只需要引导。

最后要说的是答案（Answer），答案包括"指出解决问题的办法"，也包括"最终要实现的目的"。

总的来说，SCQA 分析法，就是指分析情景→发觉冲突→思考问题→找出答案。

SCQA 分析法的具体实施步骤

如果想要及早地发现危机，可以运用 SCQA 分析法分析问题，因此，了解该分析法的具体实施步骤至关重要。下面介绍一下该分析法的具体实施步骤：

步骤一	•无论当事者是谁，在操作前都应确认好当事者的具体形象
步骤二	•描述当事者以前的经验、现在较为稳定的状态、心中的理想及未来的发展目标
步骤三	•根据当事者提供的描述，假设一个正在颠覆当前稳定状态下的事件
步骤四	•采用自问自答的形式，假设出各种课题
步骤五	•思考问题，并且给出最终的观点或答案

理性地评价各种替代方案

应用SCQA分析法，尽量思考并提出大量想法，然后踊跃发言。对于别人的想法，不要批评。评价替代方案时，最重要的因素是确认替代方案能否解决实际问题。找到所有符合替代方案的"期望条件"，对期望的项目进行评比，然后再评价替代方案。在操作时，要用具体的数据，这样可以体现出替代方案的价值。

总而言之，防范危机的最初，就是要分析问题，发现危机。分析问题，找出危机，有许多种方法，而SCQA分析法是一种以结果为导向的分析策略。运用这种分析方法，可以为解决问题提供一条清晰的逻辑主线，有助于节省分析问题的时间及精力。如果能够发现潜在的危机，那么就可以及时采取措施进行防范，以免问题变得更加严重甚至无法处理。

明确价值观，治标也治本

解决问题，需要不断摆事实、查原因、提方案。根据期望及产生落差发生时间的不同，麦肯锡解决企业面临的问题主要可以分为三种类型，即恢复原状型、防范显在或潜在型、追求理想型。

恢复原状型

恢复原状型指的是恢复成企业原本的状态。如果碰到了这种需要解决的问题，要将企业原来拥有的状况视为目前期待的状况。恢复原状型的特点，是把恢复企业的原来状态当成一种期望。

处理这种类型的问题，可以分为三种形式，即紧急处理、根本解决、防止复发。

如果采取"紧急处理"的形式，治标不治本，问题可能会周而复始地发生。如果采取"根本解决"的形式，则需要从事实出发，调查事实并分析具体的原因。针对对象的状态与现象，追根溯源，并筛选出问题的所有构成要素，然后从细节之处了解要素之间的各种关系，最后把混沌的现实变成有意义的群组，进而明确因果关系。

要确立其因果关系，应同时具备以下三个条件：

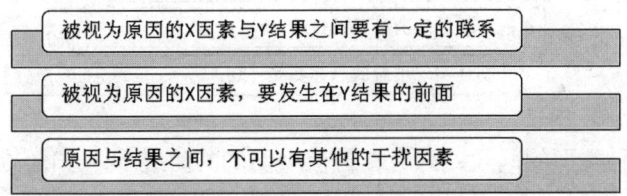

被视为原因的X因素与Y结果之间要有一定的联系

被视为原因的X因素，要发生在Y结果的前面

原因与结果之间，不可以有其他的干扰因素

如果企业的问题频繁发生，可以采取"防止复发"的形式，该方法与下面即将介绍的"防范显在或潜在型"的问题类似。

防范显在或潜在型

这种类型的问题，其本质是"预防"和"应对"同时进行。显在型的问题包括明显可见的及已经发生了不良状况的问题；而潜在型的问题，是指目前还没有发生损害，但已经可以预期未来可能发生的问题。解决这种类型的问题，可以采取以下两种方法：自下而上法和自上而下法。

追求理想型

这种类型的问题，目前对企业的经营没有重大的影响，基于未来发展的需要，将其视为问题的一种。解决这种类型的问题，对于把最终的理想状况设定在什么位置是一个难点。企业要找到一个"标杆"，也就是"最终的理想状况"，从而找出企业目前的状况与理想状况之间的差距，并且消除这个差距。

企业的价值观往往可以决定理想的定位。如果企业的理想不明确，那么还需要从战略思想的角度思考，并且确定最终的理想。一旦企业的理想确定了，就需要进行规划性思考，以明确具体的行动计划。

进行规划性思考的步骤如下：

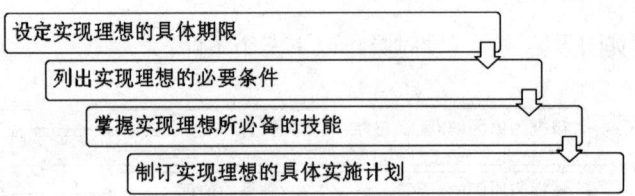

解决这种类型的问题，只有在价值观明确的前提下，才能展开思考，并规划出理想的具体标准。需要注意的是，在价值观不变的情况下，理想也可能会随着环境与时代的改变而有所改变。

危机管理：一项专门的管理学科

麦肯锡曾对一些企业做过调查，结果证明，许多公司在危机发生之前都出现过明显的征兆，如果事先进行预防，就能避免危机的发生。然而，大多数公司都缺乏经验及危机管理意识，从而导致损失惨重。

了解危机管理的概念

危机管理指的是，当公司发生危机时，为了消除或降低危机所带来的损失，采取规划、调整、化解及处理等活动。危机所引发的紧急事件应立刻得到解决。

危机管理是一项专门的管理学科，是为了让危机所造成的损害降低到最低点所提前建立的一种防范体系、处理体系及应对措施。许多企业在发展的过程中，受到过危机的挑战。

麦肯锡公司认为，危机本身不仅包含失败的根源，还孕育着成功的种子。危机管理的精髓在于，变不利为有利，收获潜在的成功机会。如果能够做好危机管理，那么企业的危机可能会演变成企业进一步发展的契机。

企业与普通人一样，也会"生病"，也就是发生危机。如果企业能够在危机还未真正发生时就将危机化解，那么就达到了危机管理的最高境界。

如果在危机刚刚发生时就立刻采取措施，就有可能将危机化解，这是危机管理的第二层境界。

如果在企业的危机发展到一定程度时才开始行动，也可能将危机化解，然而付出的代价会很大。

因此，企业不仅要具有危机管理的意识，还要提前掌握危机管理的防范措施。

危机管理的防范措施

要想有效地实施危机管理，就要具有危机管理的意识。而提前掌握危机管理的防范措施至关重要。

1. 树立危机防范的意识

企业的产品或服务不可能永远没问题。因此，企业在经营的过程中，要树立危机防范的意识，这需要从企业的领导人开始做起。

2. 建立危机管理的机构

企业应建立危机管理的机构，这样，突然发生危机时，这个机构就能转型为处理危机的核心。

3. 建立危机的检测系统

危机爆发之前，会显示出一些征兆。当企业建立起危机的检测系统之后，企业在经营过程中就能随时进行监测，以便及时地化解危机。

4. 设想可控的受损程度

设想企业可控的受损程度，并且制订危机管理的具体方案。当危机发生之后，应立即找出所有未来事件的发展趋势及潜在影响，确定企业对各种问题的应对态度和方法。之后，应确定一些急需采取的解决方案，并且根据事件发展的需要制订相应的修正方案。

5. 建立内部的媒体公关培训

企业应建立内部的媒体公关培训。如此一来，当发生危机时，企业能够坦然地面对媒体，并且解答媒体提出的各种问题，这是化解危机的关键。

6. 建立媒体合作平台

建立并且维护一个良好的媒体合作平台，而且经常与其进行沟通，这样可以得到媒体的支持。

7. 对风险进行分类

企业的各个部门应该学会对风险进行分类，加强企业内部的流程管理，并且要提前进行一些危机演练，使各个部门熟悉危机发生时自身的职责。

总之要想防范危机，就要了解危机管理，并掌握一些危机管理的防范措施。在危机发生之前，就要将其扼杀，否则，等到问题严重了，处理起来会很复杂。

建立危机管理机制，及时应对危机

对于一个企业而言，企业危机管理，是指当企业面临与社会大众或客户有密切关系且后果严重的重大事故，而为了应付危机的发生，在企业内部预先建立防范和处理这些重大事故的体制和措施。

在当今这个飞速发展的时代，企业面对危机，就像人们面对死亡一样，是无法避免的事情。因此，危机管理显得特别重要。

了解危机的特点：

1. 突发性

危机可能会在人们毫无防备的情况下突然出现。

2. 破坏性

危机一旦爆发，就会对企业产生不良的影响。

3. 不确定性

危机往往不易被人察觉，不容易被确定下来。

4. 急迫性

危机的爆发，常常是非常急迫的，会使企业在短时间内受到影响。

5. 信息资源紧缺性

应对危机，往往会面临信息资源紧缺的问题。

6. 舆论关注性

如果企业出现了危机，往往会面临各界的舆论，从而对企业产生非常不好的影响。

危机的监测与预警

正所谓"生于忧患，死于安乐"。企业处于顺利发展时期，就应该有强烈的危机意识及危机应变的心理准备。最好建立一套危机管理机制，对危机进行检测。

企业通过对组织结构的合理优化，以及有效地防控监督，能够把危机事件尽可能消灭在萌芽状态。如果能够及时采取有效的防范措施，可以有效避免危机的发生或使危机造成的损害和影响尽可能减少到最小程度。因此，危机的监测和预警也是危机管理的首要一环。

处理危机的步骤

1. 危机的确认

危机管理人员应该做好信息收集的工作。要善于捕捉危机信息，在出现危机可能会发生的征兆时，应尽快确认危机的类型，为有效的危机控制做好前期的工作。

2. 危机的处理

一旦确认了危机，就要想办法应对危机。可以视情况而定，成立以各部门负责人为首的危机处理委员会。

3. 快速调查事件原因

要弄清事实真相，尽可能把真实的、完整的情况公之于众。各部门要保证信息的一致性，避免公众的无端猜疑。应配合有关部门的调查，并做好应对有关部门和媒体的解释工作及事故善后处理工作。

4. 快速拿出解决方案

企业应以最快的速度启动危机处理计划。每次危机各不相同，因此，针对具体问题，应随时修正和充实危机处理对策。

要掌握宣传报道的主动权，通过召开新闻发布会，向公众告知危机发生的具体情况，以及企业解决问题的措施等内容。发布的信息，应该具体、准确。要随时接受媒体和有关公众的访问，以公众利益至上的原则来解决问题。

危机的善后工作

处理完危机以后，应做好善后工作。

首先，进行危机总结、评估。对危机管理工作进行全面的评价，详尽地列出危机管理工作中存在的问题。

其次，对问题进行整顿。通过总结、评估，提出改正措施，责成有关部门逐项落实，完善危机管理的具体内容。

最后，寻找商机。危机给企业制造了另一种环境，企业管理者应善于利用危机探索经营的新方向，进行重大改革。这样，危机可能会变成商机。

自下而上法和自上而下法

防范危机的途径，即防范潜在型问题的途径。防范危机主要有两种途径，分别是自下而上法和自上而下法。无论采取哪种途径，都应先确定问题是引发企业不良状态的主要原因，然后再找出预防和应对之策。

许多企业都是等到危机出现时才开始慌慌张张地处理。真正高明的企业，往往会事先做好准备，防范危机。

要想防范危机，就要了解防范危机的主要方法。防范危机主要有以下两种方法：

自下而上法

从一些个别的现象和状况中，思考出可能引发的不良状况，这就是自下而上法。运用该方法时，应先从当前可以观察到的特定状况或现象开始实施。

自下而上法的具体实施步骤如下：

1.从企业现状中确定一些必须注意的特定因素。此时，运用差异分析法，有助于在现状中确定那些必须注意的特定因素。

2.要做出具体的归纳，即带有逻辑性地思考出各种可能导致不良状态的因素。之后，从这些因素中找出潜在性的大问题，即成为诱因的不良状况。

3.拟定相关的预防策略，并且排除可能引发的诱因。要区分可控诱因及不可控诱因，需要注意的是，不用花费太多时间排除不可控诱因。

4.预先拟定不良状态的应对策略。一般在问题发生之前就能找到诱因是难以做到的，因此，最好在不良状态发生之前就准备好应对策略。

自上而下法

先假定最后一定会发生某种不良的状态，然后再考虑所有引发不良状态的诱因，这就是自上而下法。首先要假设不希望发生的结果，且从最终的不良状态着手，然后再找出相应的诱因。

在问题还没有显在化的情况下，防范潜在型问题的本质是恢复成原状型的问题。运用自上而下法解决防范潜在型问题时，具体的步骤如下：

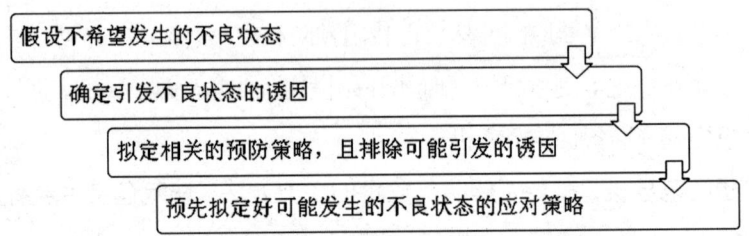

以轮胎磨损为例。由轮胎磨损导致汽车打滑，就是不希望发生的不良状态；猛踩刹车、打方向盘过猛、下雨天路滑及轮胎磨损等，就是引发不良状态的诱因；排除了猛踩刹车、打方向盘过猛、下雨天路滑等因素，即可得出轮胎磨损是导致汽车打滑的唯一因素，排除一些可控的风险因素，意味着拥有了采取预防策略的基础；找到了导致汽车打滑的不良状态就是轮胎磨损之后，就可以采取适当的预防措施，例如：在驾驶汽车之前，应经常检查轮胎，如果发现轮胎出现了磨损，就应及时更换轮胎。

总之，如果能够掌握防范危机的两种主要方法，就可以有效防范危机。因此，要想有效地防范危机，就要熟悉并掌握"自下而上法"和"自上而下法"这两种方法。

第十一章

麦肯锡时间管理

时间匆匆，往往在不知不觉中悄然而去。人们往往在它逝去后，才渐渐发觉它是多么宝贵。一个人能否把握住时间，做时间的主人，往往决定着其一生的命运。岁月不待人，人生短短数十载，想在短时间内取得成功，登上人生的顶峰，谈何容易。因此，珍惜时间十分重要。麦肯锡的工作人员在管理时间和充分利用时间方面均做得十分到位。当接到一个新的项目后，会立即有条不紊地组建项目团队，展开工作。

做时间的掌舵者，优化工作日程

时间是人生的最大资本，是宝贵的资源，成功的人大多善于管理时间。时间具有不可增减、不可储存、不得替代的特点，然而，时间是可以管理的，工作日程是可以优化的。

分清楚事情的轻重缓急

日常工作中，要分清楚事情的轻重缓急，这样才能高效地完成任务，节省更多的时间，去做更有意义的事情。著名管理学家科维曾提出一个时间管理的理论，他提出，应把工作按照重要和紧急两个不同的程度进行划分，基本上可以分为四个"象限"。时间管理四象限图如下：

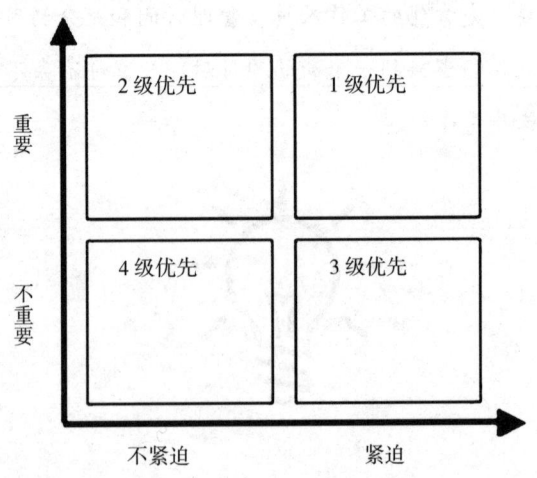

第一象限：重要且紧迫的事情

这样的事情是你认为最重要的事情，是当务之急，有的是实现事业和目标的关键环节，有的则和生活息息相关，这样的事情比其他任何一件事情都值得优先去做。只有使其得到合理、高效的解决，才有可能顺利地进行别的工作。

第二象限：重要但不紧迫的事情

这样的事情要求你具有更多的主动性、积极性及自觉性。通过一个人处理这种事情的好坏，可以看出这个人对事业目标及进程的判断能力。因为，生活中大多数真正重要的事情都不一定是紧急的。例如：读几本书、休闲娱乐、培养感情、节制饮食及锻炼身体等。这些事情重要吗？当然，因为这些事情会影响你的健康、事业及家庭关系。然而，它们是紧迫的吗？No！因此，很多时候，这些事情都可以拖延下去，并且似乎可以一直拖延下去，直到你后悔当初为什么没有重视，没有早点重视解决这些事情。

第三象限：紧迫但不重要的事情

生活中有紧迫但不重要的事情吗？当然有，而且这样的事情随时随地都会出现。例如：原本你已经洗漱完，准备休息，好养足精神，明天去图书馆看书。突然，电话响起，你的朋友邀请你现在去泡吧。你没有足够的勇气回绝朋友，你不想让你的朋友失望。然后，你去了。第二天清晨回家后，你头昏脑涨，整个白天都昏昏沉沉的。你被别人的事情牵着走了，而你自己认为重要的事情却没有做，这可能会导致你很长时间都比较被动。

第四象限：既不紧迫也不重要的事情

这样的事情会在生活中出现，它们或许有一点价值，然而，如果你毫无节制地沉溺于此，就是在浪费大量宝贵的时间。例如：你吃完饭就坐下看电视，却不知道想看什么。你只是被动地接受电视发出的信息。看完电视后，你往往会觉得不如去读几本书，甚至不如去跑步，那么，你刚才看电视就是浪费时间。其实，很多时候，花在电视上的时间都是被浪费掉了。

	紧迫	不紧迫
重要	第一象限： 危机 紧迫的问题	第二象限： 防患于未然 改进产能 建立人际关系 发掘新机会 规划、休闲
不重要	第三象限： 不速之客 一些电话 一些信件与报告 一些会议 必要而不重要的问题 受欢迎的活动	第四象限： 烦琐的工作 一些信件 一些电话 浪费时间的事情 有趣的活动

通过这四个象限，可以看出，第一象限和第四象限是完全对立的，很容易区分。第一象限是重要且紧迫的事情，因此，在所有事情面前，要优先处理这一象限里的事情。第四象限很容易判断，既不紧急，也不重要。因此，如果事务缠身，就不要将时间浪费在这一类事情上。

第二象限和第三象限很难区分，而第三象限对人们的欺骗性是最大的，因为紧急，所以会对人产生误导，使人忙着去处理。但是，因为这一象限的事情并不重要，所以处理完了可能会发现是在浪费时间。

这就是划分问题的优先级的参考方法，要想合理地安排身边的事情，就要先看清楚事情的重要性、急迫性、影响力，然后按照比重进行划分。应注重处理大事、要事，别把时间浪费在毫无实际意义的琐事上。

问题的解决，有赖于缜密的逻辑思考及符合逻辑的行动，而行动的关键在于其合理性。如果行动不合理，那么就没有逻辑可言。通过划定问题的优先级，对问题进行重要性、不重要性的区分，这有助于在发现问题后更好地解决问题。

总之，事情有轻重缓急之分，因此，你应该想一想你的时间都花费在什么事情上了，是重要且紧迫的事情吗？如果是那样，可以想象你每天的忙乱程度，这么做会耗费你很多的精力，一个又一个的问题会像大浪一样向你冲去。如果经常这样，你早晚有一天会被压垮，变得狼狈不堪。

如果是紧迫但不重要的事情，你的工作效率可想而知。这些是紧迫的事，但别认为它们很重要。实际上，这些事情的紧迫性常常是由别人的轻重缓急所决定的，所以你始终在被别人牵着鼻子走。

如果是既不紧迫也不重要的事情，很遗憾，长此以往，你将一事无成。你既没有工作效率，也没有一丝一毫的工作效能可言。这些事情浪费了你很多时间，还证明了你是一个控制不住自己情绪的人。

把时间花费在重要但不紧迫的事情上，才是卓有成效的时间管理的核心。尽管这些事不紧迫，但却决定着你的生活质量、受教育程度及工作业绩，等等。只有养成"做重要事，不做急事"的良好个人习惯，工作起来才会驾轻就熟。这样，你会提前做工作计划，按时复习功课，经常锻炼身体，保持良好的状态，避免了临阵磨枪的紧张和尴尬。

麦肯锡高效的时间管理技巧

对于任何人来说，时间都是重要的资源。根据相关调查，工作效率高的人与效率低的人相比，工作效率相差十倍以上。提高工作效率，就等于提升了自身的竞争力。麦肯锡自20世纪20年代成立以来，逐渐形成了高效的时间管理技巧。

1．"做正确的事情"

"做正确的事情"，比"把事情做得正确"更重要。高效管理时间，就是利用很少的时间，获得最大的效果。

2．有选择性地忽略掉一些能够自行解决的问题

这样，能够保留大量的时间和精力，把这些时间和精力用在更有价值的工作上面。

3. 合理安排时间

工作中，时间安排不宜过于放松，但也不宜安排太满。这样，可以应付一些难以控制的事情。

4. 做出决策时，应坚决、果断

解决问题时，不要犹豫不决，否则会让问题变得更加糟糕。一旦事情变得更糟，就要付出更多的努力。

5. 合理授权

有些事情，如果别人也能做得很好，并不一定要自己亲自去做，可以授权给别人，让别人去做。

6. 遵循"二八法则"

尽力将琐事集中起来。很多人往往会把大部分的精力用在那80%不太重要的事情上，高效人士会把精力集中在那20%最重要的事情上。遵循"二八法则"，向高效人士学习，可以有效利用时间。

7. 善于合作

融入团队中，善于与队员合作。没有完美的个人，团队的力量能够弥补个人的不足，从而更快地完成任务。

总之，要想合理规划时间，就要制定策略。为了实现某个目标，要先根据可能出现的问题制订若干相应的方案。并且，在实践的过程中，根据形势的发展及变化来选择相应的方案，最终实现目标。

拖延症公式：$U = EV/ID$

自我调节失败，在能够预料后果有害的情况下，仍然把计划要做的事情往后推迟的行为，就是拖延症。如果一个人由于拖延症影响了自己的工作，会产生负罪感，感到紧张、忧郁。无论是在生活中，还是在职场中，许多人都饱受拖延的困扰。拖延症的表现很多，但都有一个共同的特点，即与当下应该做的事情相比，你更想做一件比较轻松的事情。

了解拖延症

从事任何职业的人，都可能有拖延症。然而，拖延症仍然存在职业上的差异。研究表明：白领的拖延症比蓝领严重；被雇佣的白领比自由经营的白领严重；在雇佣情况下，销售人员比经理的拖延症严重。

如果你对成功的不确定性更大，或容易转移注意力，那么更加容易产生拖延症。如果工作令你感到愉悦，你能收获更直接的回报，获得更好的机会，那么你就有动力将工作完成得更快。

很多人在生活中有这样的经历：原本打算在周末以前完成某件事情，结果过了周末还没有开始做。可以说，拖延症是现代都市人的一种通病，会导致工作效率低，生活态度散漫。

研究表明，导致拖延症主要有四方面的原因。

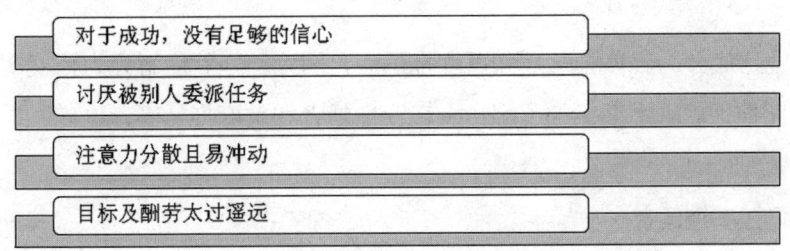

- 对于成功，没有足够的信心
- 讨厌被别人委派任务
- 注意力分散且易冲动
- 目标及酬劳太过遥远

在经济学中，有个名词叫作"贴现"，即将一张尚未到期的汇票转让给银行，从而获得一定现金的行为。在汇票到期前兑换的现金，比汇票到期后能取得的收益要少，这个折扣的比率就叫作贴现率。也就是说，未来的收益，现在兑现要打折扣。人的大脑就像银行，也有"贴现"一说，而大脑的贴现率比银行高很多。随着时间的推移，再大的事情，在今天的大脑看来，都无足轻重了。

用"糖果"和"胡萝卜"比喻"现在的选择"与"以后的选择"，如果是"以后的选择"，那么大脑会要求你选择更有益处的选项，如果是"现在的选择"，那么大脑会要求你选择更好吃的东西。

斯蒂尔用资料库建立了一个数学公式，以此来预测拖延症何时会发生。他认为，拖延症可以通过数学模型被理解或总结，而这个数学模型主要有四个变量，每个变量都能通过量表来测定。

E：对任务获得成功的信心

V：对整个任务感到愉快的程度

I：有多容易分心

D：多久会获得回报

于是，他得到了一个拖延症公式：$U=EV/ID$，公式中的 U 代表效率。该公式可以使拖延者通过分析分子分母的大小，帮助他们把拖延方式降到最低。

理解了拖延症的成因，采取有效的方式，就可以战胜它。例如：如果你不自信，只要接受自己的不完美，让自己变得自信起来，就能提高工作效率。

轻度拖延者和重度拖延者

拖延症分为轻度拖延症和重度拖延症，因此，拖延症者分为轻度拖延者和重度拖延者。下面仔细了解一下轻度拖延者和重度拖延者，这样，才能有效地管理时间。

1. 轻度拖延者

了解拖延症以后，再去解决它就容易多了。就轻度拖延者来说，当他们遇到比较复杂且难以解决的事情时，会变得焦虑不安，不知所措，于是就开始拖延。对于这种情况，比较好解决。他们有方向、目标，只是目标过大、期望过高，所以一时有些措手不及。将问题细化，从小事做起，是很好的方法。

2. 重度拖延者

有些人，没有方向和目标，不清楚自己要做些什么，整日无所事事。这样的人，晚睡、晚起，吃饭不准时，连洗漱都要拖延。如果生活没有动力，凡事都要拖延，长此以往，就会变得懒惰，对什么都不感兴趣。这样的人，属于重度拖延者，应该给自己设定目标，培养个人爱好。目标可以小一些，例如：每天早睡、早起；按时吃饭；每天读半小时书等。

摆脱拖延症

有些人，时常会感觉自己有好多事情没有解决，然而却没有心情且没有动力去做，或者说，根本就不想去做。没有做的事情，总是一而再，再而三地拖延，直到躲不过去时才不得不去做，这就是有拖延症的表现。要摆脱拖延症，就要改变懒散的生活习惯。

1. 了解为什么会有拖延这种现象

要了解为什么会有拖延这种现象。其实，人都有趋利避害的特点，所以，当人们遇到问题要解决时，首先想到的是回避问题，这是一种保护机制。

很多人都有这样的经历：对于不太着急的事情，总是开了个头，感觉时间还长，不着急，想慢慢来做。结果，时间一天天过去，这件事情就被搁置了。等到领导问起来时，为时已晚。

所以，要时常进行自我暗示，提醒自己拖延的后果。要有克服这种症状的决心，给自己一个强烈的心理暗示，想一想拖延症将给自己带来什么后果。

2. 不刻意追求完美

做任何事情，建议不要刻意追求完美，尽力完成就好。一般来说，追求完美的人都有拖延症。因为，追求完美的人，总想把一件事情做到尽善尽美，结果就把一件需要在规定时间内完成的事情拖了又拖。这样，结局往往适得其反，不但不完美，甚至都没按时完成。所以，在时间允许的情况下，先把事情做完，然后再锦上添花。

3. 制订计划

建议每天都制订计划，并且把计划写下来，例如：写下当日急需完成的三件事情。另外，还可以做周计划、月计划，把一周、一个月要做的重要事情写下来。最上面的计划，是重要且急需完成的事情。一个计划挨着一个计划写下来，重要及紧急程度越来越低。

4. 领导可以下放权力

作为领导者，如果自己想解决所有的问题，往往不可能把所有的事情都及时完成，长此以往，就会出现拖延症。所以，对于公司里的领导而言，可以适当地下放权力，有些工作，不用自己亲自处理，就交给下级去做。

5. 控制玩游戏的时间

每天都要控制玩游戏的时间，不要沉迷于游戏。游戏可以使人放松，但只是生活的调剂，并非生活的主旋律。除了玩游戏之外，生活中还有许多事情需要你去做。

在这个时代，手机占据了人们大量的时间，是引起人们晚睡的一大原因。在每晚准备睡觉时，不要把手机放在枕边，这样，就不会在睡觉之前看手机，能够保证充足的睡眠，第二天才会有精神。

另外，还要减少对电脑的依赖。很多人喜欢用电脑打游戏、看电视剧，这样会占用很多的时间。把这些时间空出来，可以做许多更有意义的事情。

6. 被"成功"吸引

产生拖延症的前提，是事件本身复杂而无趣。因为复杂，所以人心中会产生焦虑感，担心自己做不好，担心自己坚持不下去。越焦虑，越会寻找各种理由拖延，从而失去主动权，结果就是以失败告终。

如果长期有拖延的习惯，那说明你自己的潜意识不想让你成功。如果你真的想把某件事情做好，取得成功，你就不会拖延。

所以，一旦出现了拖延症的征兆，你就要想一下：如果将这件事往后拖，会有什么不好的后果？例如：如果你拖延收拾行李，就可能会导致赶不上飞机。

一旦你事先想一下拖延的后果，你就会积极地去处理问题。人都是容易被"成功"吸引的，如果能想到做一件事情会导致成功，就不会拖延。

7. 利用两分钟时间

在当今这个快节奏的时代，如何合理地利用时间是个重要的课题。如果想要合理地利用时间，就要摆脱拖延症。

如果完成一个任务只需两分钟时间，甚至更短，那么你应该立刻完成它。仔细地分析一下，用两分钟可以做的事情很多，例如：回复好友的微信；发一封重要的邮件；把脏衣服放进洗衣机等。

如果你买了一本新书，却拖着一直没看，不妨用两分钟翻看目录。也许，你看完目录以后，就会产生继续读完这本书的念头。

总之，无论你是什么身份，你都可以采取有效的时间管理方法，让时间更有价值，利用有限的时间做更多的工作，做更多有意义的事情。

驾驭时间，等于驾驭生命

时间就是生命，对于每个人而言，如何使用时间及节约时间都是需要重视的事情。每个人都应该把自己的时间花费在有意义的事情上，做更多有意义、有趣的事情，这样，生命会更加充实、美好。别把自己的时间花费在毫无意义、平凡无奇的事情上。

对于企业中的领导者来说，能让下属去做的事情，就不自己去做，自己可以把时间放在更有价值的事情上。对于员工来说，更应该把时间花费在重要的工作上。

时间管理的重要性

时间是资本，是无法更新的收入。任何一个制订出来帮助人们高效率安排时间的计划，都应从对时间宝贵性的认识入手。管理好时间，就能管理好生活。

日常生活中，根本没有所谓的"时间不够"的情形存在。因为，一天有24个小时，不多也不少。无论你是谁，都是一样的。人们会感觉到时间太少，是因为没有合理地安排时间，浪费了许多宝贵的时间。

生活中，许多人总感觉时间不够用，这是因为没有合理地利用时间，他们对时间的误区主要在于：

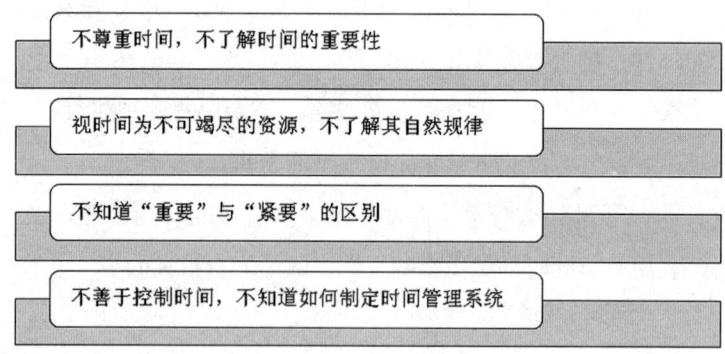

不尊重时间，不了解时间的重要性

视时间为不可竭尽的资源，不了解其自然规律

不知道"重要"与"紧要"的区别

不善于控制时间，不知道如何制定时间管理系统

打败"时间大盗"

日常生活和工作中，"时间大盗"会把人们的宝贵时间悄悄盗走。打败"时间大盗"，就可以获得许多宝贵的时间。那么，"时间大盗"是谁呢？"时间大盗"有哪些呢？

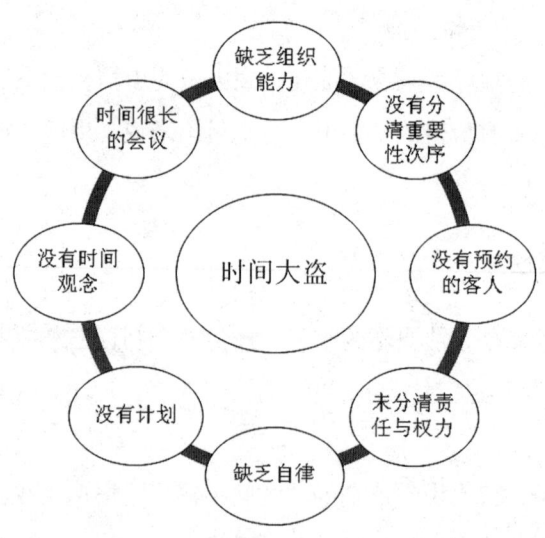

日常生活中，有许多"时间大盗"会悄悄地偷走一些时间。因此，一定要想办法打败"时间大盗"。下面介绍一些打败"时间大盗"的方法：

1. 建立目标。

2. 每天做时间计划。

3. 编排优先次序，定下期限。

4. 运用时间管理原则，找出最重要的事，并先完成它。

5. 改善技巧，排除打扰。

6. 凭借组织安排打电话。

7. 利用"Quiet An Hour"（清净一小时），学习说"No"。

8. 一次性时间处理文件。

9. 跟随会议议程，控制会议时间。

10. 请别人帮忙。

11. 克服人性弱点，走出时间陷阱。

驾驭时间的小技巧

要想充分利用时间，就要驾驭时间，做时间的管理者。因此，掌握一些驾驭时间的小技巧很有必要：

1. 做正确的事

"正确地做事"强调的是效率，其结果是使人更快地朝目标迈进；"做正确的事"强调的是效能，其结果是确保人们的工作是在坚实地朝着自己的目标迈进。换言之，效率重视的是做一件工作的最佳方法，效能则重视时间的最佳利用（这包括做或是不做某一项工作）。麦肯锡卓越工作方法的最大秘诀在于，每一个麦肯锡的工作人员在开始工作之前都应先确保自己是在"做正确的事"。

人们所关注的重点往往在于前者，即效率和正确做事。然而，实际上，最重要的却是效能，是做正确的事而非正确地做事。对企业的生存及发展而言，"做正确的事"是由企业的战略来解决的，"正确地做事"则是执行问题。前者是进取创新的、主动的，而后者则是保守的、被动接受的。

2. 从一开始就怀有最终目标

从一开始时，你就应知道自己的目的地在哪里；从一开始时，你就应知道自己现在在哪里。你应弄清楚，为了达到这样的目的，哪些事是必需的，哪些事往往是无足轻重的，你要保证你迈出的每一步都是正确的。

工作中，不要忙忙碌碌，最后却发现自己是背道而驰。你要时刻检查自己所做的事情是否偏离了最终目标，是否为最终目标做出了有意义的贡献。这样会让你逐渐形成一种良好的工作方法，养成一种理性的判断规则及工作习惯，同时会呈现出与众不同的眼界。

3. 编排事情的优先次序

有些人往往不能静下心来去做最该做的事情，或是被那些看似急迫的事情所蒙蔽。大多数人习惯按照事情的"缓急程度"来决定行事的优先次序，而不是首先衡量事情的"重要程度"。所谓"重要程度"，是指对实现目标的贡献大小。对实现目标越有贡献的事情越重要，它们越应获得优先处理；对实现目标越无意义的事情，越不重要，它们应延后处理。也就是说，根据"我现在所做的事情是否使我更接近目标"这一原则来判断事情的轻重缓急。

总而言之，时间对于这个世界上的每个人都很公平，不会对任何人吝啬，也不会照顾任何人。时间不偏不倚，一分一秒地进行着。有些人能够充分利用时间，用一分钟去做别人要用两分钟才能做完的事情。

时间管理：用科学的方法提高效率

"时间管理"所探索的是如何减少时间浪费，以便于有效地完成既定目标。由于时间所具备的独特性，时间管理的对象并不是"时间"，而是指面对时间而进行的"自管理者的管理"。

成为时间管理的专家

所谓"时间的浪费",是指对目标毫无贡献的时间消耗。所谓"时间的管理",是指你必须抛弃陋习,引进新的工作方式,改善生活习惯,要制定目标、妥善计划、分配时间、权衡轻重等,加上自我约束、持之以恒才可以提高效率,从而事半功倍。

凡是能在事业上取得卓越成绩的人,都是时间管理的专家。

格里在威格利南方联营公司当了二十多年的总经理,这个公司是美国最成功的超级市场之一,格里获得了许多荣誉。首先,格里的工作业绩几乎为所有的总经理所美慕,包含连年不断的销售纪录及利润纪录。其次,格里毫不松懈地连续应用计划、组织、授权、激励、评价和控制等项目基本原则,显示了他专业管理的精神。最后,格里注重时间管理原则的故事得到了大量文章的赞扬。格里认为,正确管理的基础是良好的时间管理。

格里就是一位善于管理时间的人,正因如此,他才能够在事业上取得良好的成绩。

由于时间所具有的独特性,时间在各种资源中往往容易被人们忽略。须知每人每天有 24 个小时,每小时由 60 分钟组成,每分钟由 60 秒组成,总计就是 8.64 万秒;拥有这样一笔财富,怎么能视而不见呢?又怎么能随意处之呢?这个问题,真的需要每个人花点时间来考虑。

时间管理的基本原则

只有对时间管理的原则有清晰的认识,才有可能很好地运用时间管理的技巧和方法。时间管理有如下六项基本原则:

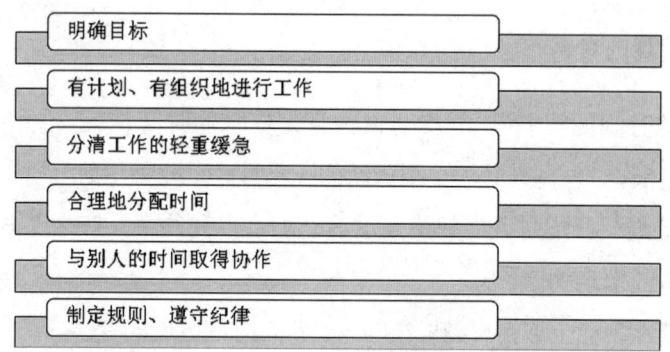

明确目标

有计划、有组织地进行工作

分清工作的轻重缓急

合理地分配时间

与别人的时间取得协作

制定规则、遵守纪律

目标刺激人们奋勇向上。在人生的旅途中，没有目标就如同走在黑漆漆的路上，不知该往何处去。

随波逐流、缺乏目标的人，永远都不能淋漓尽致地发挥自己的潜能。因此，每个人都应该做一个有明确目标的人，这样生活才有意义。

许多年前，有一则 300 条鲸鱼突然死亡的报道。这些鲸鱼在追逐沙丁鱼时，不知不觉地被困在一个海湾里，报道上说："这些小鱼把海上巨人引向了死亡。鲸鱼因为追逐小利而暴死，为了微不足道的目标空耗了巨大的力量。"

通过鲸鱼的事例，可以得到这样的启发：不要为了追逐小利，而丢掉自己的生命。不要为了微不足道的目标，而耗费巨大的力量。

蒸汽或瓦斯，只有在压缩状态下才能产生动力；尼亚拉加瀑布，要在巨流之后才能转化成电力。生命只有在专心一意、勤奋不懈时，才可获得成长。

赖嘉年仅四岁时，随父母迁到亚特兰大市。他的父母只有小学五年级的学历，当赖嘉表示要上大学时，他的亲友大多不支持，然而，赖嘉心意已决。最终，赖嘉果真成为家中唯一进入大学读书的人。

但是，一年之后，赖嘉因为贪玩导致功课不及格，被迫退学。在接下来的六年里，赖嘉过着得过且过的生活，没有明确的人生目标。他大部分时间都在一家低功率的电台担任导播，有时也替卡车卸货。

有一次，赖嘉拿起柯维的第一本著作《相会在巅峰》，从那以后，他对自己的看法完全改变了，他发现自己有非凡的能力。他感觉重获新生，了解到目标的重要性。的确，目标决定着将来。

赖嘉的目标是重返大学，然而，他的成绩太差了，以至连遭墨瑟大学拒绝两次。在遭到第二次拒绝之后，有一天，赖嘉无意间撞见院长韩翠丝，他趁机向她表明态度。最终，院长答应了他的请求，准许他入学，但是有一个附加条件：他的平均分数要达到乙等，否则就要再度退学。

赖嘉改掉了过去散漫的态度，以目标明确、内心无畏的姿态，重新踏入学校校门。他每季平均进修多个学分，经过两年零三个月，以优异的成绩取得了学位。接着，他又向更高的目标迈进。

如今，赖嘉已成为博士，他还在全美发展最迅速的教会担任牧师。教会地点位于费城特尔市，距他成长的亚特兰大仅数分钟车程。

通过上面的事例，可以看出：有目标才有结果，目标能够激发人的潜能。那么，究竟如何选择或是制定正确的目标呢？在选择或制定目标时应考虑两个方面：一是目标要符合自己的价值观；二是要了解自己的现状。

合理地利用等待的时间

在一天的活动时间中，无论你如何精密规划时间，都无法避免等待。如果你忙得不可开交，又必须等待，不妨充分利用等待的时间，做一些有意义的事情。否则，这些等待的时间就会完全浪费掉。

那么，如何利用等待的时间呢？只要能够做些有意义的事情，就不要在那里干等。例如：如果在公共场所，有一些阅读资料，不妨在等待的时间里翻阅一下阅读资料。如果在机场候机，可以看一看机场的报纸、杂志。

无论在什么地方，都可以随身携带一本杂志或书，这样，在排队时，就可以翻阅一下。

琳达是一个地道的美国人，她自己开了一家顾问公司，一年会受理一百多个案子。她每年都会飞往各地旅行，因此，许多时间都是在飞机上度过的。琳达认为，与客户维持良好的关系十分重要，因此，她经常利用在飞机上的时间写短笺给客户。她说："我已经无法自拔了，这样做使我感到十分愉快。"

有一次，一位同机的旅客，在等候提取行李时与琳达攀谈，他对琳达说："我在飞机上注意到了你，在2小时48分钟内，你一直在写短笺，我敢说你的老板一定以你为荣。"琳达回答道："我就是老板。"

上面的事例中，琳达就善于利用等待的时间，会充分利用坐飞机的时间，写短笺给客户。或许就是因为琳达懂得珍惜时间，善于管理时间，她才能够成为老板。

生活中，无论你多么有效率，总会有些人、有些事需要等待。例如：飞机延误了，你就要在机场等待；公交车晚点了，你就要在车站等待；去某家人多的餐厅用餐，需要等位。在等待的过程中，你可以看看书，写点有意义的文章，或是检查邮件等。

从某种角度来说，时间属于一次性消耗品，用完就没有了，因此，时间真的很宝贵，每个人都应该做时间的管理者，合理分配时间。无论你是大企业里的CEO，还是企业中的一名普通员工，你拥有的时间长度都一样，并不会因为身份不同而有差别。

执行力的魔力：将计划变为现实

麦肯锡的工作人员，大多都有着较强的执行力。也就是说，咨询顾问接到一个项目以后，不会耽误时间，会立即执行，展开工作。

对于任何企业的工作人员而言，有着较强的执行力都至关重要。如果任务分配下来了，你迟迟不开始执行，那就会浪费许多宝贵时间。

要知道，没有执行力就没有竞争力。如果没有执行力，即使规划出再美丽的蓝图，也只是水中月、镜中花而已。可以说，执行力是一门学问。对于领导来说，要掌握这门学问，这是建立领导威信的必经之路。而对于普通员工来说，更要掌握这门学问，这样才能在职场中立于不败之地。

对于个人而言，执行力是领导力的一部分。对于企业而言，执行力是企业成败的关键。因此，如果没有执行力，再好的战略和决策都无法实现。

制订计划，付诸行动

有了计划以后，就应该付诸行动。如果制订了详细的计划，却不去实践，那么这个计划就没有实际的意义。因此，你要切实实行计划和创意，以便发挥其价值。无论计划有多么好，除非真正身体力行，否则永远不会有收获。

行动时，心中要平静，预估困难，做好准备，及时调整。

美国的成功学家格林演讲时，会开玩笑地告诉观众，美国最大的快递公司——联邦快递是他发明的。他不说假话，他确实有过这个主意。然而，这个世界上至少还有一万个和他一样的创业家，也想到同样的主意。在20世纪60年代，格林刚刚起步，在全美为公司间做撮合工作。他每天都生活在赶截止日期，以及在限时内将文件从美国的一端送到另外一端的时间缝隙中。当时，格林曾经想到，如果有人能开办一个可以将重要文件在24小时之内送到任何目的地的服务，这该有多好。这个想法在他的脑海中驻留了好几年……一直到有一个名叫弗列德·史密斯的人真的把这个主意转换为实际行动。

通过上面的故事，可以得知：成功地将一个好主意付诸实践，比空想出一千个好主意要有价值得多。

发挥执行力，要抢时间

在工作中，一定不能拖延，要养成"抢时间"的好习惯，充分发挥执行力，着手完成任务。那么，如何"抢时间"呢？

作为一名优秀的员工，做人做事都要有原则，不过坚守原则不等于从不让步。

在日常生活和工作中，一旦发现问题，就应站出来，及时解决问题，不要拖延。

在工作中，如果有计划而不去执行，使之烟消云散，这对于你的工作发展会产生非常不良的影响。你应该将"拖延"当作你最可怕的敌人，因为，它要盗取你的时间，使你成为它的奴隶。

要摆脱拖延的习惯，面对问题时，就要立刻去解决。制订了计划，就要赶快行动。

拖延的习惯有碍于做人做事。每天有每天的事情，今天的事情是新鲜的，与昨天的事情不同，而明天也有明天的事情要做。因此，今天的事情应该在今天做完，别拖延到明天。

在指定时间内完成工作

受工作量、工作条件、工作时间等因素的影响，难免会出现在指定时间内不可能完成工作的情况。但如果采取相应的措施，就可以尽可能在领导指定的时间内完成工作。

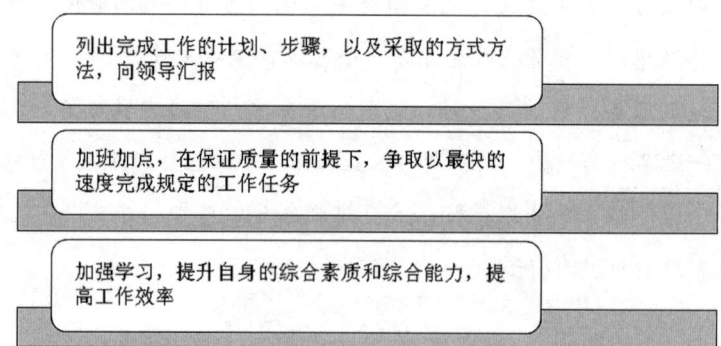

列出完成工作的计划、步骤，以及采取的方式方法，向领导汇报

加班加点，在保证质量的前提下，争取以最快的速度完成规定的工作任务

加强学习，提升自身的综合素质和综合能力，提高工作效率

把握住"今天"，等于把握住人生

每一个"今天"都是崭新的一天，是唯一的一天，是与众不同的一天。对于每个人而言，能够把握住"今天"，就等于把握住了自己的人生。

那么，如何把握住"今天"呢？下面推荐一些方法：

1. 拥有积极的心态

如果没有积极的心态，那么今天和昨天就没有区别，只是日期改变了而已。如果没有积极的心态，你会习惯于慵懒、被动，习惯于做一天和尚撞一天钟。这样，生命的光华会被你的不良习惯消磨殆尽。如果你拥有积极的心态，那么对于你而言，每一天都是崭新的，你能够听到生命跳跃的声音。

2. 保持乐观的心情

无论在何时何地，你都应该保持乐观的心情。有了乐观的心情，你就有勇气面对"今天"，面对"今天"的成功或者失败。乐观的心情，使你有信心去设想明天，设想明天有多么灿烂。无论你遇到的境遇是好还是坏，你的心情始终都应该是达观的，你的脚步始终都应该是轻盈的。你不应该有任何的思想负担，不应该有一丁点消极的情绪，应该让你的天空保持明朗，不要夹杂一丝丝的灰色。乐观的人，往往距离成功更近。

3. 制订完善的计划

"今天"是短暂的、易逝的。为了把握住"今天"的每一分钟，你可以制订严谨的、切实可行的计划。这样，就可以把时间交给计划，使每天的每一分每一秒都过得更有意义。有了计划，可以使你的生命更加充实、绚丽。有了计划，你在工作中会少一些漏洞，少一些空白。有了计划，等到了明天，你回首"今天"时，可以自信、骄傲地笑一笑，对自己说一句："我无愧于昨天。"

4. 不懈地行动

要想成功，就需要不懈地行动。任何完美的计划，都离不开实际的行动。只有脚踏实地，一步一个脚印地走下去，才能将计划变成现实。不要让计划成为一张空纸，如果不能将计划坚持到最后一秒钟，那么你就无法实现计划。通往成功的道路，不会因为你的停歇而缩短，所以你不可以中途停下来。如果你中途懈怠了，那么你失败以后就会感到追悔莫及。

言出即行，立即行动

在各行各业中，首屈一指的成功人士都有着一个相同的优点，即言出即行。这是一种能力，拥有这种能力，再加上自身的才能和社交能力，就会取得成功。

许多人都渴望成功，却没有立即行动的习惯。要知道，只有养成立即行动的习惯，才能更快走向成功。将思想付诸行动，这是完成一件事情的首要条件。

那么，如何养成立即行动的习惯呢？下面介绍几个方法：

1. 别等到条件都完美了才开始行动

如果你想等所有条件都完美了才开始行动，那么你可能永远都不会开始。在工作中，接到一个新的项目，你要面对竞争激烈、行情不好等不良因素，难道就不开始这个项目了吗？你应该先开始行动，然后应对各种不良因素，而不是不良因素消失了，再行动，因为那样你也许就错过了启动项目的最好时机。在现实世界中，没有绝对的完美。因此，你要在问题出现的时候就行动起来，把这些问题处理好。也就是说，开始行动的最佳时间就是"现在"。

2. 做实干家

头脑中有了具体的想法、计划，你就要开始实践，不要一味地空想。例如：你有一个很好的创意，那么今天就可以把这个创意告诉老板。要知道，一个不被付诸行动的想法，在你的大脑中停留越久，越没有意义。过几天，这个想法就会慢慢模糊起来。过几个星期，你甚至会把这个想法完全忘掉。如果你想成为一个实干家，就要针对自己的想法付诸实践。在实践的过程中，你还能产生更多的想法。

3. 想法本身无法带来成功

想法十分重要，但你要明白，想法本身无法带来成功，只有在被执行以后，才能体现出价值。一个被付诸行动的普通想法，要比一打被你放着不行动的好想法更有价值。因此，如果你有一个觉得非常棒的想法，那就针对这个想法做点什么。要知道，如果你不行动起来，那么这个想法永远不会被实现。

4. 用行动来克服恐惧心理

对于许多人来说，进行公共演讲，最困难的部分就是等待自己演讲的过程。即使是专业的演讲者和演员，也会有表演前焦虑的经历。当然，一旦开始表演，恐惧感也就消失了。可以说，行动是克服恐惧的最佳方法。万事开头难。只要行动起来，自然会建立起自信，事情也会变得简单。

5. 激发创造力

人们对创造性工作有误解，就是认为只有灵感来了才能工作。如果你想等灵感来报到后再开始工作，那么你能工作的时间就会很少。与其等待，还不如主动激发创造力。如果你需要写点什么，那么就强制自己坐下来写。在你落笔的一瞬间，也许灵感就来了。通过移动双手可以激发灵感，从而展开创作。

与其抱怨，不如做更有价值的事情

有些人，喜欢抱怨生活中的各种问题。然而，如果你拿出用于抱怨的十分之一的能量，将其应用到解决问题的过程当中，你会发现，解决许多事情其实很容易。

当你陷入困境时，别抱怨，要默默地吸取教训，积累经验。日常生活中，要学会以思考代替抱怨。要勇敢地面对生活的各种挑战，豁达地面对工作中的各种困难和挫折。不抱怨，是成功的基础，也是健康人生的必要条件。

请记住，永远都不要浪费时间去抱怨，要用抱怨的时间去做更多有意义的事情。更多时候，这个世界对你的态度，主要取决于你对这个世界的态度。只有意识到这一点，你才能看到、听到、感受到世界的美好，才能合理地利用自己的时间做一些更有价值的事情。